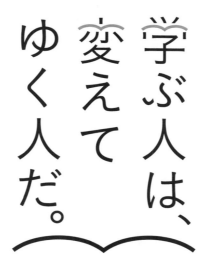

学ぶ人は、
変えて
ゆく人だ。

目の前にある問題はもちろん、

人生の問いや、

社会の課題を自ら見つけ、

挑み続けるために、人は学ぶ。

「学び」で、

少しずつ世界は変えてゆける。

いつでも、どこでも、誰でも、

学ぶことができる世の中へ。

旺文社

本書の特長と使い方

本書の特長

1 1単元1ページになっているので，定期テストの範囲だけを集中して対策できます。

2 定期テストによくでる重要事項を，問題を解きながら確認できます。

3 コンパクトで持ち運びしやすい「＋10点暗記ブック」＆赤シートで，いつでもどこでも大切なポイントを確認できます。

基本的な問題で単元の内容を確認しながら，
定期テストの問題形式に慣れるよう練習しましょう。

わからない問題は，右の補足情報を見な
がら解くことで，理解が深まります。

アイコンの説明

ポイント その単元の重要ポイントを解説しています。

くわしく その単元に関連するさらに詳しい情報を紹介しています。

＋10点 暗記ブック

コンパクトで，重要事項をまとめて確認する
のにピッタリ！
赤シート付き。

STAFF

編集協力	株式会社友人社
校正	株式会社鴎来堂／株式会社東京出版サービスセンター
装丁デザイン	groovisions
本文デザイン	大滝奈緒子（ブラン・グラフ）
本文イラスト	株式会社ユニックス
写真提供	PIXTA ／ Shutterstock ／ Getty Images
	宮内庁式部職楽部

もくじ

技術・家庭〈技術分野〉

技術・家庭
〈家庭分野〉

保健体育

美術

① 浜辺の歌
<ruby>浜<rt>はま</rt></ruby><ruby>辺<rt>べ</rt></ruby>

別冊解答 P.1

得点 ／100点

1 「浜辺の歌」について，次の（　）に当てはまる言葉を答えなさい。また，【　】の正しいものを選びなさい。

１　あ　し　たーは　まー　べ　ーを　さーま　ーよ　えーば　　ーむ

（1）「浜辺の歌」の作詞者は（①　　　　　　　　　　），作曲者は（②　　　　　　　　　）である。（各10点）

（2）楽譜のAが指す「♭」は，（①　　　　　　　　）と読み，（②　　　　　　　　　　）を表す。（各5点）

（3）「♭」が1つで，長調なので，この曲は（　　　　　　　）調である。（10点）

（4）この楽譜の拍子は【①4分の2拍子・8分の6拍子】なので，1小節の中に【②8分・4分】音符が【③2・6】個あることになる。（各5点）

（5）楽譜のCが指す記号の名称は，（①　　　　　　　　　　）で，意味は（②　　　　　　　　　　）である。（各10点）

（6）楽譜のBが指す「*mp*」と，Dの指す「*p*」では，音量としてより大きく演奏するのは【*mp*・*p*】である。（5点）

（7）歌詞にある「あした」は，（　　　　　　　　）という意味。（10点）

（8）8分の6拍子の旋律やピアノ伴奏からは，どのような情景が浮かぶか。下から選びなさい。（10点）

（　　　　）

> ア　波がくり返しくり返し浜辺に打ち寄せる情景
> イ　浜辺で大勢の子どもたちがにぎやかに遊ぶ情景

1916年の作曲当初は，「はまべ」という題だった。その後，1918年に「浜辺の歌」に改題されて出版された。

くわしく

林古渓（1875〜1947）
歌人・作詞家。「浜辺の歌」は作詞者が神奈川県の辻堂海岸を思い浮かべて歌詞を書いたといわれる。

mp（メッゾピアノ）
「メッゾ」は，「半分」という意味。

得点

／100点

エーデルワイス

エーデルワイス＝キク科の多年草。夏に美しい白い花を咲かせる。ドイツ語で「高貴な白」の意味。

1 「エーデルワイス」について，次の（ ）に当てはまる言葉を答えなさい。また，【 】の正しいものを選びなさい。

Moderato
mp

E - del - weiss,　　E - del - weiss,　　Ev - 'ry morn-ing you
（エー デル ワイス　　エー デル ワイス　　か わ い い は

EDELWEISS
Lyrics by Oscar Hammerstein Ⅱ
Music by Richard Rodgers
©1959 by Richard Rodgers and Oscar Hammerstein Ⅱ
Copyright Renewed
WILLIAMSON MUSIC owner of publication and allied rights throughout the world
International Copyright Secured All Rights Reserved

(1) この曲が使われているミュージカルは，

（①　　　　　　　　　　　　　　　）で，日本語の歌詞は

（②　　　　　　　）によって付けられた。（各10点）

(2) ミュージカルとは，音楽，ダンス，（　　　　　　　　）を融合させたものをいう。 (10点)

(3) 冒頭の**Moderato**は（①　　　　　　　　　　　）と読み，

【②中ぐらいの速さで・歩く速さで】という意味。（各10点）

(4) ギター伴奏に用いる楽譜には，音符の上に１小節目にはC，２小節目にはG7…と（①　　　　　　）が入る。

Cが表す和音は，（②　　　　　・　　　　・　　　　　　）である。（各10点）

(5) この楽譜の２小節目の音符の名称は

【付点４分音符・付点２分音符】である。(10点)

(6) 英語の歌詞で歌うときには，edelweiss や clean の「l」，every や greet の（　　　　　）の発音に気をつける。(10点)

(7) この曲の形式は何か。下から選びなさい。(10点)　　　（　　　）

> ア　aa' からなる一部形式
> イ　aa' ba' からなる二部形式
> ウ　aa' bb' aa' からなる三部形式

■☞ くわしく
(1) **ミュージカル**の中で祖国を思う挿入歌として歌われる。

ポイント
G7
ソ・シ・レ・ファの音からなる和音を示す。

3 花の街

1 「花の街」について，次の（　）に当てはまる言葉を答えなさい。また，【　】の正しいものを選びなさい。

この歌は，第二次世界大戦後の日本で生まれ，2006年には「日本の歌百選」に選ばれた。

A

♩=72～84

mp

B

(1) この曲の作詞者は，（①　　　　　　　　　　　），作曲者は
（②　　　　　　　　　　　）である。（各10点）

ポイント
(1)作詞者は「**花の街**」が平和に満ちた，自身の幻想の街であると語る。

(2) 戦争が終わったときに作詞されたことから，作詞者は「花の街」というタイトルに，（　　　　　　）への願いを重ねた。（15点）

(3) 上の楽譜のAが表すのは，1分間に4分音符を
（　　　　　　　　　　　　　　　　　　　　　　　　　　　　）
ということ。（20点）

ポイント
(3)基準となる数値を**メトロノーム**に合わせて確認する。

(4) 上の楽譜のBが指す休符の名前は，【8分休符・4分休符】である。
（15点）

(5) *f* より一段階弱い強弱記号は【*mf*・*mp*】である。（10点）

(6) 下の楽譜のCが指す記号名は，（①　　　　　　　）で，
（②　　　　　　　　　　　　　　　　　　　　　　　　　）
という意味。（各10点）

かけて　いった　よ　ー

● 赤とんぼ

1 「赤とんぼ」について，次の（ ）に当てはまる言葉を答えなさい。また，【 】の正しいものを選びなさい。

この作曲者がつくった童謡の代表作は
「待ちぼうけ」「ペチカ」
「砂山」 など

音楽

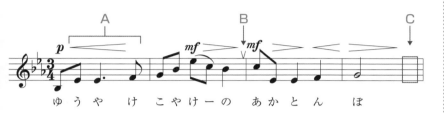

ゆ う や け こ や けーの あ か と ん ぼ

(1) この曲の作詞者は（①　　　　　　　　　　　　），作曲者は
（②　　　　　　　　　　）である。(各10点)

(2) この楽譜の拍子は，（①　　　　　　　　　　），
調性は【②変ホ長調・ホ長調】である。(各5点)

(3) この曲の曲想は，【叙事的・抒情的】といえる。(5点)

ポイント
曲想＝その曲がもつ雰囲気や味わいなどのこと。

(4) 1番の歌詞にある「負われて見たのは　いつの日か」の「負われて」は，
（　　　　　　　　　　）という意味。(10点)

(5) 楽譜のAが指す記号は（①　　　　　　　　　　）といい，
（②　　　　　　　　　　　）という意味を表す。(各10点)

(6) 楽譜のBが指す記号は（①　　　　　　　）と呼び，（②　　　　　　　　　）
をする場所を示す。(各10点)

ポイント
(6) Ⅴは，歌う際に必要となる記号。

(7) 楽譜のCが指す空欄に入る休符は，【4分休符・8分休符】である。
(5点)

(8) この作曲者の作品を下から1つ選びなさい。(10点)
（　　　　　　　　　　　）

・蝶々夫人　・荒城の月
・この道　・ふるさと　・夕鶴

別冊解答 P.2

得点

／100点

5 夏の思い出

1 「夏の思い出」について，次の（　）に当てはまる言葉を答えなさい。また，【　】の正しいものを選びなさい。

ゆめみて　さいて　いる　み　ずの　ほとり

(1) この曲の作詞者は（①　　　　　　　　　　　），作曲者は
（②　　　　　　　　　　　）である。（各10点）

(2) この楽譜で歌われている土地である（　　　　　　　）は，
貴重な湿原で「自然保護の原点」といわれる。（10点）

(3) この楽譜は，（　　　　　　　）調の曲である。（5点）

(4) 楽譜のAが指す音符の名称は（　　　　　　　）。（10点）

(5) 楽譜のBが指す記号は，【①**だんだん弱く**・**だんだん遅く**】という
意味の，*diminuendo*の（②　　　　　　　）である。（各5点）

(6) 楽譜のCの記号は【①**スタッカート**・**テヌート**】と呼ばれ，その音
の（②　　　　　　　　　　　）演奏するという意味を表す。
（各10点）

(7) 歌詞の冒頭にある「夏がくれば思い出す」の「が」は，柔らかな響き
を出すために，（　　　　　　　）を用いて歌う。（10点）

(8) 作曲者が語っているこの曲の歌い方について，下から選びなさい。
（各5点）

・美しい自然に（①　　　　　　　　　）ような気持ちで歌う。

・詩や（②　　　　　　）の流れを楽しむ。

・同じ旋律のところも，伴奏の（③　　　　　　　）の違いを味わう。

| ・川　　・旋律　　・話しかける　　・リズム |
| ・響き　・溶け込む　・季節 |

水芭蕉の見頃は5月～6月。歌詞に歌われている尾瀬では遅い春にあたるが，歳時記（俳句の季語）では夏にあたる。

くわしく

作詞者が尾瀬で見たこの光景は，故郷の岩手で見たものと重なり，水芭蕉のイメージが固まったという。

(5)ディミヌエンドと読む。

ポイント

(7)日本語の**ガ行**（語頭以外）や助詞の「**が**」は子音を鼻に響かせて発音する。

主人は冷たい土の中に
（あるじ）

1 「主人は冷たい土の中に」について，次の（ ）に当てはまる言葉を答えなさい。また，【 】の正しいものを選びなさい。

あ　おくはれた　そ　ら　しろい　く　も

ね　むれよしず　か　に　しずかにね　む　れ

ポイント
曲の「構成」やフレーズ（旋律のまとまり）の変化をつかんで歌う。

(1) この曲は（①　　　　　　　　　　　　　）の作曲家
（②　　　　　　　　　　　　　　）が，主人を亡くして嘆き悲しむ人々の姿を見て作曲したといわれる。(各5点)

くわしく
S.C.Foster（1826 ～ 1864）
アメリカの作曲家。黒人奴隷の苦しみに共感を示した作品が多い。

(2) 楽譜の冒頭の**Andante**は，（　　　　　　　　　　）という意味で，速度を表す。(5点)

(3) この曲は（①　　　　　）つのフレーズから構成されている。フレーズとは【②楽章・旋律】のまとまりのことをいう。
この曲の構成をa，bを使って表すと，
a－a'－【③a・b】－【④a・a'】となり，
（⑤　　　　　　　　　　　　）であるとわかる。(各10点)

ポイント
曲の構成には，**一部形式・二部形式・三部形式**などがある。

(4) 1番目の楽譜のAの音符の名称は，（　　　　　　　　　　）。(5点)

(5) 2番目の楽譜のBの記号は【①アクセント・フェルマータ】で，
（②　　　　　　　　　　　　）という意味である。(各5点)

(6) 上の2つの楽譜の最後の音を比べると，旋律の雰囲気は，1番目が【①続く・終わる】感じ，2番目が【②続く・終わる】感じがする。

(各10点)

7 サンタ ルチア

1 「サンタ ルチア」について，次の（　）に当てはまる言葉を答えなさい。
また，【　】の正しいものを選びなさい。(各10点)

ナポリ（イタリア）の民謡。
歌詞の内容は，美しいサン
タ ルチアの港をたたえ，
船頭が船に乗ろうと呼び掛
けている。

(1) この曲のような,「ナポリ風の歌」を日本では（　　　　　　　　　）
と呼ぶ。

ポイント
canzone は，本来イタリ
ア語で「歌」の意味。

(2)(1)にはそのほか「オ ソーレ ミオ」や
（　　　　　　　　　　　　　）などがある。

(3) この楽譜は【変ホ・変ロ】長調である。

(4) この楽譜の拍子は，（①　　　　　　　　　　）で，1小節内に16
分音符が（②　　　　　　　）個分入る。

(5) 楽譜のAが指す記号の名称は，（①　　　　　　　　　　）で，
（②　　　　　　　　　　　　）という意味である。

くわしく
(5) ♮がついた音は音名で
は，「ホ」になる。

(6) 楽譜のBが指す記号があるとき，この譜面での演奏の仕方は，
（　　　　　　　　　　　　　　　）。

(7) 楽譜のCが指す記号は，【①デクレシェンド・アクセント】といい，
（②　　　　　　　　　）演奏するという意味である。

荒城の月

音楽

1 「荒城の月」について，次の（　）に当てはまる言葉を答えなさい。また，【　】の正しいものを選びなさい。(各10点)

1 はるこうろうの　　はなのえん　　めぐるさかずき　　かげさして

「荒城の月」は，日本で作曲された初めての西洋音楽の歌曲とされる。

(1) この曲の作詞者は（①　　　　　　　　　　）で，作曲者は
（②　　　　　　　　　　）である。

この作曲者は23歳（さい）の若さで世を去ったが，いくつもの名曲を残している。

(2) この作曲者の作品にはほかに，「箱根八里」「お正月」（　　　　　　　）
などが有名。

(3) 上の楽譜のAが指す記号は，この小節内だけで有効だが，こうした
変化記号は【臨時記号・一時記号】と呼ばれる。

(4) 歌詞の「花の宴（えん）」は（　　　　　　　　　）を指す。

(5) 下の楽譜は，上の作品を【成田為三（なりたためぞう）・山田耕筰（やまだこうさく）】が編曲したものである。

(6) どちらも調性は【①ニ長調・ロ短調】で，拍子は
（②　　　　　　　　　　　　　）だが，
（③　　　　　　　　　　　　　　　　　　　　　）
が異なっている。

ポイント
⑹速度と曲想で雰囲気（ふんいき）に違（ちが）いが出ている。

(7) 下の楽譜のBが指す**Lento**は「緩（ゆる）やかに」という意味の速度を表す
用語だが，同じ意味のものを下から選びなさい。

（　　　　　　　）

| ・**Largo** | ・**Allegro** | ・**Adagio** | ・**Presto** |

Lento doloroso e cantabile ♩ = 63

1 は る こ う　ろ う の　　は な の え ん

9 花

別冊解答 P.2

得点
／100点

1 「花」について，次の（　）に当てはまる言葉を答えなさい。また，【　】の正しいものを選びなさい。（各10点）

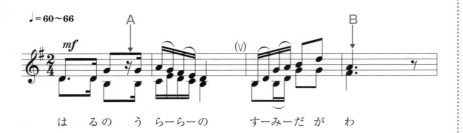

もとは4曲からなる組歌「四季」の第1曲。春の隅田川の情景が歌われている。

(1) この曲の作詞者は（①　　　　　　　　　　），作曲者は（②　　　　　　　　　）である。

この作曲者のほかの代表作「荒城の月」「箱根八里」

(2) この楽譜の調性は（　　　　　）である。

(3) 楽譜のAが指す休符は，【8分休符・16分休符】。

ポイント
全休符から順に分割していくと→2分休符・4分休符・8分休符・16分休符・32分休符となる。

(4) 楽譜のBが指す音符は，（①　　　　　　　　　）で，8分音符の（②　　　　　　）個分の長さである。

(5) 歌詞の「ながめを何にたとうべき」の「たとうべき」は（　　　　　　　　　　　）という意味。

(6) 歌詞の「見ずやあけぼの」の「見ずや」は（　　　　　　　　）という意味である。

(7) この曲の合唱形態は【同声二部合唱・同声三部合唱】である。

(7)音の高さから同声か混声かを考える。

(8) この曲のタイトル「花」は，何の花を指しているか。下から選びなさい。
（　　　　　）

・うめ　　・さくら　　・ふじ　　・やまぶき

① 早春賦
そうしゅんふ

1 「早春賦」について, 次の（　）に当てはまる言葉を答えなさい。また,
【　】の正しいものを選びなさい。

♪=116

は　る　は　な　の　み　の　か　ぜ　の　さ　む　さ　や　　　た

早春の情景を歌った歌。題名の「賦」とは漢詩を歌うこと, またはつくることを指す。

(1) この曲の作詞者は（①　　　　　　　　　　　　）で，作曲者は
（②　　　　　　　　　　）である。（各10点）

くわしく
(1)②「夏の思い出」の作曲者・中田喜直の父。
なか だ よしなお

(2) この楽譜は（①　　　　　　　）拍子で，1小節内に（②　　　　　　　　）
音符が（③　　　　　　　）個入るが，歌うときには，8分音符3個
を1拍として数え，【④ 2拍子・3拍子】のようにリズムを感じる
とよい。（各5点）
びょうし
ぼく

(3) 楽譜のＡが指す音は,（①　　　　　　　　）拍目から始まっている。
このように曲が1拍目から始まらないことを（②　　　　　　　　　）と
いう。（各10点）

ポイント
(3)①拍子をもとにして直前に何拍あるはずか？を考えるとよい。

(4) この楽譜の調性は，【① 変ロ長調・変ホ長調】で，楽譜のＡが指す
音は階名で読むと（②　　　　　　　）である。（各10点）

階名＝その調の**主音**を「ド」とした音階での読み方。

(5) この楽譜と同じ調号（♭が3つ）をもつ短調は何か。下から選びなさい。（10点）　　　　　　　　　　　　　　　　　（　　　　　）

| ・ホ短調 | ・ト短調 | ・ハ短調 | ・ヘ短調 |

(6) 歌詞の冒頭にある「はるはなのみの」の意味として正しいものを下
から選び，記号で答えなさい。（10点）
ぼうとう

ア　春という名とともに　　　　　　　　　　　　（　　　　　）

イ　春といっても名だけの

11 帰れソレントへ

1 「帰れソレントへ」について，次の（　）に当てはまる言葉を答えなさい。また，【　】の正しいものを選びなさい。(各10点)

代表的な**カンツォーネ**の1つ。ソレントの風景と，愛する女性が戻ることを願う男性の恋心を歌っている。

(1) この曲は，（①　　　　　　）のソレントという町をうたったもので，作曲者は②（　　　　　　　　　　）である。

(2) この楽譜の冒頭の □ には，「中ぐらいの速さで」という速度記号が入るが，原語で書くと（　　　　　　　　）となる。

> **ポイント**
> モデラート＝「中ぐらいの速さで」

(3) この楽譜は出だしが【①**変ホ長調・ハ短調**】だが，途中で主音が同じ【②**ホ短調・ハ長調**】に変わっている。このように調性が途中で変わることを（③　　　　　　　）という。

> **ポイント**
> 主音が同じ長調・短調を「同主調」という。

(4) 楽譜のAが指す記号は（①　　　　　　　　　）といい，（②　　　　　　　　　　）という意味である。

(5) 楽譜のBが指す記号は「ア テンポ」といい，（　　　　　　　　　　）という意味。

(6) 楽譜の冒頭のコードネーム**Cm**の読み方を下から選びなさい。（　　　　）

> ・Cメジャー　　・Cマイナー　　・Cメッゾ

② 大地讃頌
（だいちさんしょう）

▶ 別冊解答 P.3

得点

／100点

音楽

1 「大地讃頌」について，次の（　）に当てはまる言葉を答えなさい。また，【　】の正しいものを選びなさい。

「混声合唱とオーケストラのためのカンタータ『土の歌』」を構成する楽章の1つ。

(1) この曲は，作詞者（①　　　　　　　　　　　），作曲者
（②　　　　　　　　　　　　）の合唱曲で，合唱形態は
（③　　　　　　　　　　　）である。(各10点)

(2) (1)の③の構成は，通常ソプラノ・アルト・（　　　　　　　　）・バスからなる。(5点)

(3) 楽譜の冒頭の**Grandioso**は，（　　　　　　　　　）という意味を表す。
(10点)

(4) 楽譜のAの記号の名称は【①タイ・スラー】で，高さの違う2つ以上の音符を（②　　　　　　　　　　　）演奏する。(各10点)

(5) 楽譜の1小節目の最初の休符は，（　　　　　　　　）である。(10点)

(6) この曲はカンタータ「土の歌」終曲だが，カンタータとは，器楽伴奏による大規模な【器楽曲・合唱曲】をいう。(5点)

(7) 曲中の ────**8**──── は，【8小節休む・8小節くり返す】指示である。
(10点)

(8) *f* が3つ重なる *fff* の読み方は（　　　　　　　　　　）。(10点)

ポイント

合唱形態（同声）には
・二部合唱
・三部合唱
・四部合唱
合唱形態（混声）には
・三部合唱
・四部合唱
などがある。

ポイント

強弱記号の音の強さの順
〈弱い〉*pp* ⇒ *p* ⇒ *mp* ⇒
mf ⇒ *f* ⇒ *ff* ⇒ *fff* 〈強い〉

⓭ 春−第1楽章

別冊解答 P.3

得点

／100点

1 「春」について，次の（　）に当てはまる言葉を答えなさい。また，【　】の正しいものを選びなさい。

(1) この曲の作曲者（①　　　　　　　　　　）は，
（②　　　　　　　　　　）に生まれ，（③　　　　　　　　　　）時代に活躍した。(各5点)

(2) (1)の③の時代に活躍した作曲家としては，バッハ，
【ヘンデル・ベートーヴェン】などが著名。(5点)

(3) この曲のように，独奏楽器と合奏からなる形態の曲を
（①　　　　　　　　　　）といい，イタリア語では
【②シンフォニー・コンチェルト】という。(各5点)

(4) この曲の独奏楽器には（①　　　　　　　　　　），鍵盤楽器には（②　　　　　　　　　　）が用いられるが，②は，低音部に和音を加えて伴奏する（③　　　　　　　　　　）を受け持つ。(各10点)

(5) 「春」では，独奏と合奏がかけ合いながら主題をくり返すが，この形は（　　　　　　　　　　）形式と呼ばれる。(10点)

(6) 「和声と創意の試み」第1集（①　　　　　　）は，春・夏・秋・冬の各部分からなり，それぞれに季節の（②　　　　　　）が添えられている。(各5点)

(7) 「春」が音楽で表現している情景について，次の（　）に当てはまる言葉を答えなさい。(各5点)
① （　　　　　　　）がやって来た
② （　　　　　　　）が楽しい歌で春を歓迎する
③ （　　　　　　　）が吹き，泉がささやき流れる
④ 黒雲と稲妻が空を走り，（　　　　　　　）が春の訪れを告げる
⑤ 嵐がやむと（②）はまた歌い始める

くわしく

Antonio Lucio Vivaldi
(1678 〜 1741)
作曲家・バイオリニスト。数々の協奏曲やオペラなどを作曲。ウィーン（オーストリア）で没した。

(5)この形式は，当時人気で多くの作品がつくられた。

ポイント
(6)② 13世紀頃からイタリアで作られるようになった**14行**からなる詩をいう。

▶ 別冊解答 P.3

④ 雅楽「平調 越天楽」－管絃

得点

／100点

---

1 「平調 越天楽」について，次の（ ）に当てはまる言葉を答えなさい。
また，【 】の正しいものを選びなさい。

(1) 雅楽は，宮廷や寺社などの（① 　　　　　　 ）の音楽としてアジア
各地から伝えられたものに日本古来の歌などが加わり，
（② 　　　　　　 ）世紀頃現在の形に完成した。(各10点)

ポイント
5～9世紀頃，中国・朝鮮半島を経て伝えられた。

(2) この曲は，吹物・（① 　　　　　　 ）・弾物によって演奏される管絃
の曲で，「平調」は，雅楽の【②調・拍子】の1つをいう。 (各10点)

ポイント
管絃のそれぞれは，現代の管楽器・打楽器・弦楽器に相当する。

(3) 「越天楽」は，下の図の【①篳篥・竜笛】から始まり，
【②鉦鼓・琵琶】・鞨鼓・太鼓が加わる。【③箏・笙】は和音を演奏
できるのが特徴。(各5点)

(4) 上の図で，弾物に属すのは，箏と【笙・琵琶】である。(10点)

(5) 演奏の拍は，指揮者の役割を果たす（① 　　　　　　 ）物の奏者が
取るが，拍と拍の（② 　　　　　　 ）が重視される。(各10点)

(5)西洋音楽のような規則的リズムをもたず，音と音の間の「音のない部分」を特徴とする。

(6) 管絃の通常の構成について，下の表の（ ）に当てはまる数を答え
なさい。(各5点)

打物（鉦鼓・鞨鼓・太鼓）	各（① 　　　　　 ）名
弾物（箏・琵琶）	各（② 　　　　　 ）名
吹物（竜笛・篳篥・笙）	各（③ 　　　　　 ）名

15 ブルタバ（モルダウ）

別冊解答 P.3

得点 ／100点

1 「ブルタバ」について，次の（　）に当てはまる言葉を答えなさい。また，
【　】の正しいものを選びなさい。

全6曲からなる連作交響詩の第2曲。

ポイント
交響詩＝オーケストラで物語や情景を表現する音楽。

(1) 「ブルタバ」の作曲者は，現在の（① 　　　　　）に生まれた
（② 　　　　　　　　　）である。その地は（②）が生まれた当時は
【③オーストリア・神聖ローマ】帝国の支配下にあった。　（各10点）

他国の支配下にあったため，この曲は長く母国語ではなくドイツ語で「モルダウ」と呼ばれていた。

(2) 絵画的・文学的要素をもった（① 　　　　　　　　　）のための
作品は，（② 　　　　　）に分類されるが，「ブルタバ」は故郷の
自然や伝説などを描いた，6曲の②からなることから，
（③ 　　　　　　　　　）と呼ばれる。(各10点)

(3) 楽譜の旋律は，この曲にたびたび出てくるが，
（ 　　　　　　　　　）を表している。(5点)

(3)タイトルにちなんだ旋律である。

(4) この旋律を演奏するのは，ヴァイオリンと
【フルート・オーボエ】である。(5点)

(5) 楽譜のAが指す記号は，（① 　　　　　　　　）で，
（② 　　　　　　　　　　　）という意味。(各5点)

(6) 楽譜中の*sf*は，スフォルツァンドと読み，
（ 　　　　　　　　　）演奏する指示である。(10点)

(7) この曲が他国の支配の下，祖国への思いでつくられたように，フィンランドの作曲家（ 　　　　　　　　　）による交響詩「フィンランディア」も独立運動のさなかにつくられた。(10点)

得点

／100点

⑥ フーガ ト短調

1 「フーガ ト短調」について，次の（ ）に当てはまる言葉を答えなさい。また，【 】の正しいものを選びなさい。

下の４つの声部からなる。

 高

↑ソプラノ
　アルト
　テノール
↓バス

低

第1声部のはじまり A

第2声部のはじまり B

第3声部のはじまり C

第4声部のはじまり D

(1) 「フーガ ト短調」の作曲者は，現在の（① 　　　　　　）に生まれた（② 　　　　　　）である。彼は，（③ 　　　　　　）や宮廷に仕え，生涯で（④ 　　　　　　）曲以上を作曲した。(各10点)

くわしく

J.S.Bach(1685 ～ 1750)
バロック時代の代表的な作曲家の一人。その業績から「**音楽の父**」と呼ばれる。

(2) フーガとは，最初に示された（ 　　　　　　）が，他声部によって次々とくり返されて展開していく形式。(10点)

(3) この曲は同じト短調の「幻想曲とフーガ」と区別するため，【小フーガ ・ 大フーガ】とも呼ばれる。(5点)

(4) 演奏は（① 　　　　　　）で行われるが，この楽器は，空気が送り込まれるパイプと，音色を変える（② 　　　　　　），足で弾く（③ 　　　　　　）からなる。(各5点)

ポイント

(4)①もともとは**キリスト教の教会**での礼拝に用いられる楽器。

(5) 上の楽譜のBは（① 　　　　　　）調に転調されて，Aの主題に【②反転 ・ 応答】している。(各10点)

(6) Dは楽器の（ 　　　　　　）を使って演奏される。(10点)

23

17 交響曲第5番 ハ短調

1 「交響曲第五番 ハ短調」について，次の（　）に当てはまる言葉を答えなさい。また，【　】の正しいものを選びなさい。

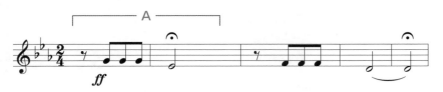

(1) この曲を作曲した（①　　　　　　　　　）は，（②　　　　　　　）で生まれ，【③パリ・ウィーン】で活躍した。（各10点）

(2) 彼は（　　　　　　　）を失いながらも生涯作曲に励んだことで知られている。（10点）

(3) この曲のように，オーケストラのための大規模な楽曲で，通常4つの楽章からなるものを【交響曲・交響詩】と呼ぶ。（10点）

(4) この曲の第1楽章と第4楽章は，【①ロンド・ソナタ】形式でつくられている。①は，主に主題を提示する提示部，主題を展開する（②　　　　　　　），主題が再び現れる（③　　　　　　　），最後をしめくくる（④　　　　　　　）からなる。（各5点）

(5) 楽譜のAは，【動機・主題】といい，楽曲のもととなる部分である。（10点）

(6) この曲のほかによく知られている交響曲を以下にまとめた。（　）に当てはまる言葉を下から選びなさい。（各5点）

作曲者	作品	
ハイドン	交響曲第101番（①	）
モーツァルト	交響曲第40番　（②	）
ブラームス	交響曲第1番　（③	）
チャイコフスキー	交響曲第6番　（④	）

・ロ短調（悲愴）　　・ニ長調（時計）　　・ハ短調　　・ト短調

同じ作曲者の下の交響曲も有名。
・第三番「英雄」
・第六番「田園」
・第九番「合唱」

くわしく

L.v.Beethoven
（1770～1827）
作曲家・ピアニスト。作品は古典派音楽を完成させ，ロマン派音楽の先がけとなった。

ポイント

主題をさまざまな方法で変化させることを「変奏」といい，この曲では第2楽章に見られる。

③ 箏曲「六段の調」

1 「六段の調」について、次の（　）に当てはまる言葉を答えなさい。また、【　】の正しいものを選びなさい。

箏
桐の木の胴に13本の弦を張った弦楽器。柱と呼ばれる駒を動かして音の高さを調節する。

(1) この曲を作曲したと伝えられる（①　　　　　　　　　）は、
　　（②　　　　　　　）時代に活躍し、箏曲の基礎を築いた。（各10点）

くわしく
中世～近世では「検校」は目の不自由な音楽家などでつくられた組織の最高位を表した。

(2) 箏は【奈良時代・平安時代】に中国大陸から伝来したといわれる。
　　　　　　　　　　　　　　　　　　　　　　　　　　　　　（10点）

(3) 「六段の調」の調弦法は、（①　　　　　　　）といい、
　　（②　　　　　　　）音階に基づく。（各10点）

(3)①箏の調弦の最も基本的なもの。

(4) この曲のように、いくつかの部分からなるものを
　　【演物・段物】と呼ぶ。（10点）

(5) ここで用いられる速度の変化を表す（　　　　　　）は、雅楽の舞楽から生まれた語で、日本の伝統芸能で広く用いられる。（10点）

くわしく
(5)雅楽の舞楽から出た考え方で、構成を指すものとして広く日本の芸道で用いられる。

(6) 上の楽譜は「六段の調」の「初段」である。楽譜のAは、
　　（①　　　　　　　）という奏法を、Bは（②　　　　　　　）という奏法を指示している。（各5点）

(7) 箏を演奏するときには（　　　　　　）と呼ばれるものを右指にはめる。（5点）

(8) 通常の箏は、（①　　　　　　）本の弦をもち、柱という駒で音高を調節する。数える単位には（②　　　　　　）が用いられる。三味線・尺八とともに演奏することを（③　　　　　　　　　）と呼ぶ。
　　　　　　　　　　　　　　　　　　　　　　　　　　　　　（各5点）

19 歌舞伎「勧進帳」

別冊解答 P.4

得点　／100点

1 歌舞伎について，次の（　）に当てはまる言葉を答えなさい。また，【　】の正しいものを選びなさい。(各5点)

(1) 歌舞伎の起源は，出雲の阿国による【かぶき舞・かぶき踊】といわれる。

(2) 歌舞伎は，音楽，（①　　　　　　），（②　　　　　　）の3つの要素からなる総合芸術である。

(3) 歌舞伎で男性役を演じるものを（①　　　　　　），女性役を演じるものを（②　　　　　　）と呼ぶ。

(4) 役者の顔に血管や筋肉を誇張して描く化粧法を【①隈取・縁取】といい，役者が感情の高まりを表すために静止してポーズをとる型を（②　　　　　　）という。

(5) 歌舞伎の舞台について，次の（　）に当てはまる言葉を下から選びなさい。

（①　　　　　）	建物などセットを載せたまま回転させて，場面を替える仕掛け
（②　　　　　）	舞台上に切った穴から役者やセットを上下させる仕掛け
（③　　　　　）	客席を貫く通路で，舞台から移動できる仕掛け

・せり　　・花道　　・廻り舞台

2 「勧進帳」について，（　）に当てはまる言葉を答えなさい。また，【　】の正しいものを選びなさい。(各10点)

(1) 義経一行は，山伏に変装して京都から奥州の【①仙台・平泉】まで向かう。関所の役人に見破られないよう，弁慶が持っていた巻物を（②　　　　　　）に見たてて読み上げる。関所を通過し，最後の場面で弁慶が舞うのが（③　　　　　　）である。

(2) 「勧進帳」で演奏される音楽【①長唄・常磐津】は，唄方・囃子方〈（②　　　　　　）物を担う〉・三味線方により奏でられる。

歌舞伎の始まりは江戸時代。

1 (1) 「出雲のお国」とも表記される。

ポイント
歌舞伎の語のそれぞれが**歌・舞・伎**（演技）を表す。

ポイント
花道を通って舞台から下がるときの歩き方「六方」も歌舞伎独特のもの。

勧進帳…寺への寄付金を集める趣旨を書いた巻物のこと。
義経一行は，山伏と呼ばれる修行僧に変装して，関所を抜けようとした。

① アイーダ

音楽

1 「アイーダ」について，次の（ ）に当てはまる言葉を答えなさい。また，【 】の正しいものを選びなさい。(各5点)

(1) アイーダの作曲者は（①　　　　　　　　）に生まれた（②　　　　　　　　）で，「リゴレット」「③【蝶々夫人・椿姫】」などのオペラでも知られる。

■☞ くわしく
G.Verdi（1813〜1901）
数々の名作を世に送り，「オペラ王」の異名をもつ。

(2) オペラのように音楽・文学・演劇・舞踊などが融合されたものを（　　　　　　　　）と呼ぶ。

(3) (2)の分野で，舞踊を中心にした物語性のある展開だが，踊り手が歌やせりふを担わないものは，（①　　　　　　　　），歌やせりふや踊りからなるものは，（②　　　　　　　　）である。

ポイント
(3)②アメリカで大衆的な音楽劇として発達。

(4) アイーダは古代の（①　　　　　　　　）を舞台にした，【②4・5】幕構成のオペラで，【③アルト・ソプラノ】のパートのアイーダ，【④テノール・バス】のパートのラダメスが，それぞれ（⑤　　　　　　　　）（独唱曲）を歌う場面が聴きどころの1つ。

(5) 歌劇中での「凱旋行進曲」のために，作曲者は長い管が特徴の（　　　　　　　　）を特別に作らせたという。

■☞ くわしく
(5)アイーダ・トランペットと呼ばれる。

(6) このほかに著名なオペラを以下にまとめた。（ ）に当てはまる言葉を下から選びなさい。

作曲者	作品
モーツァルト	（①　　　　　　　　）
ビゼー	（②　　　　　　　　）
プッチーニ	（③　　　　　　　　）
ロッシーニ	（④　　　　　　　　）
ワーグナー	（⑤　　　　　　　　）

・タンホイザー　　・トゥーランドット
・フィガロの結婚　・セビリアの理髪師　・カルメン

(7) オペラの上演には，歌手や（①　　　　　　　　），演奏する（②　　　　　　　　），指揮者（＝音楽監督）などのほか，演出家，舞台をまとめる（③　　　　　　　　）など大勢が関わる。

21 魔王 (まおう)

別冊解答 P.4

得点　／100点

1 「魔王」について，次の（　）に当てはまる言葉を答えなさい。また，【　】の正しいものを選びなさい。

(1) 「魔王」は，（① 　　　　　　　　　　　　　）が18歳のときに，（② 　　　　　　　　）の詩に作曲した歌曲である。(各5点)

(2) ドイツ語による歌曲は（　　　　　　　）と呼ばれる。(10点)

(3) 「魔王」の演奏形態は，【①女声と男声の二声・独唱】と【①ピアノ伴奏(ばんそう)・オーケストラ】である。(各5点)

(4) 「魔王」の詩の中には，語り手，（① 　　　　　　　　）を抱(だ)いて馬を走らせる（② 　　　　　　　　），そして（③ 　　　　　　　　）が登場する。演奏者は1人で，（④ 　　　　）人の登場人物を歌い分ける。(各5点)

(5) ピアノの伴奏には【①馬の疾走(しっそう)するイメージ・魔王の笑い声のイメージ】や，【②母の不安・父の不安】を思わせる響(ひび)きがある。(各5点)

(6) 「魔王」の中で，馬が走る様子を表すために使われている，下のような音符を（　　　　　　　　）という。(10点)

(7) 子どもがか細い声で歌う「ファーテル」「ファーテル」は（① 　　　　　　　　）という意味で，その音高が次第に【②高く・低く】なることで，子どもの恐怖(きょうふ)の思いが募(つの)る様子を描(えが)いている。(各5点)

(8) シューベルトはオーストリアの（① 　　　　　　　　）に生まれ，わずか31年の生涯(しょうがい)におよそ（② 　　　　　　　）曲もの歌曲を作曲した。(各5点)

2 次の登場人物の歌い方のうち，誤っているものを2つ選びなさい。(各5点)　　　　（　　　）（　　　）

ア 魔王は，最初は脅(おど)すように歌い，後になるほど優(やさ)しい声で歌う。
イ 父親は，低い声で落ち着かせるように歌う。
ウ 語り手は，最初はたんたんと感情を込めずに歌う。
エ 子どもは，だんだんと消えるように小さな声で歌う。

👉 くわしく
F.P.Schubert
(1797 ～ 1828)
主な作品：
〈歌曲〉
「野ばら」
「ます」
〈歌曲集〉
「冬の旅」
「美しき水車小屋の娘(むすめ)」
〈ピアノ曲〉
「楽興の時」
〈交響曲〉
「未完成」

👉 くわしく
J.W.v.Goethe
(1749 ～ 1832)
詩人・劇作家。ドイツを代表する文豪(ぶんごう)。
主な作品：
「若きウェルテルの悩(なや)み」
「ファウスト」
「ヴィルヘルム・マイスターの修業(しゅぎょう)時代」

材料の性質

1 次は，各材料の主な特性を述べたものである。木材はA，金属はB，プラスチックはCを，（　）に書きなさい。(各5点)

(1) 腐ったり，さびたりすることがない。　　　　　　　　　　（　　）

(2) 熱や電気をよく伝える。　　　　　　　　　　　　　　　　（　　）

(3) 吸湿・乾燥による変形がある。　　　　　　　　　　　　　（　　）

(4) 比較的簡単に切断したり，削ったりすることができる。　（　　）

(5) 触感が冷たい。　　　　　　　　　　　　　　　　　　　　（　　）

(6) 軽くて，かたいものややわらかいもの，透明なものや着色されたものなど種類が多い。　　　　　　　　　　　　　　　　（　　）

2 下の図を見て，あとの問いに答えなさい。(各5点)

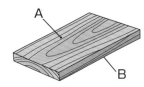

(1) 木材は丸太の切断の仕方によって大きく2つに分けられるが，この図の木材の名前を書きなさい。　　　　　　　（　　　　　　）

(2) 図のA・Bで，木表はどちらか。　　　　　　　　（　　　　　　）

3 金属の特性について答えなさい。(各10点)

(1) 金属をたたくと，薄く広がる特性を何というか。（　　　　　　）

(2) 金属に大きい力を加えた場合，その力を除いても，元に戻らない特性を何というか。　　　　　　　　　　　　　（　　　　　　）

(3) 次の合金の名前を書きなさい。
① 炭素を添加して，かたく，強くした鉄の合金。（　　　　　　）
② クロムやニッケルを添加して，さびにくくした鉄の合金。
　　　　　　　　　　　　　　　　　　　　　（　　　　　　）

4 次の（　）に当てはまる言葉を下から選びなさい。(各10点)

（①　　　　　　　）プラスチックは，加熱すると鎖状の分子の結合が部分的にほどけて組織がゆるみ，軟化・融解する。

また，（②　　　　　　　）プラスチックは，網目状の分子の結合からなり，一度固めると加熱しても軟化しない。

・熱可塑性　　・熱硬化性　　・熱伝導性　　・溶融性

ポイント

●その他の木質材料の種類

合板…丸太を「かつらむき」にしてできた単板（ベニヤ板）を奇数枚，接着剤で貼り合わせたもの。

集成材…繊維方向を合わせた木材を接着したもの。

パーティクルボード…木片を小さく砕いて接着剤を加えて熱圧したもの。

ファイバーボード…木片を繊維化して接着剤を加えて熱圧したもの。

くわしく

軽いアルミニウムに，銅やマグネシウムなどを加えて軽くて強くしたものが**アルミニウム合金**。ジュラルミンもその1つ。

くわしく

プラスチックは，大量生産が可能で優れた耐久性がある反面，海洋汚染などの環境問題を引き起こしている。そのため，土中や海中のバクテリアによって水と二酸化炭素に分解できる**生分解性プラスチック**が開発された。

❷ 材料の加工技術

別冊解答 P.5

得点

／100点

1 次の（　）に当てはまる言葉を答えなさい。(各10点)

(1) 材料を加工するために切り出す位置などを示す印をつけることを
（①　　　　　　　　）という。その際に使用する下の図の道具を，
（②　　　　　　　　）という。

(2) 下の図で，Aを（①　　　　　　　），Bを（②　　　　　　　　）といい，
Cの部分の角度は（③　　　　　　　　）となっている。

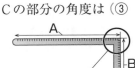

2 次の例で，のこぎりに当てはまるものはA，弓のこに当てはまるものはBを書きなさい。(各5点)

(1) 集成材を仕上がりの大きさに合わせて切断する。　　　　　（　　）

(2) アルミパンチングメタルを切断する。　　　　　　　　　　（　　）

(3) 刃は押すときに材料が切断される。　　　　　　　　　　　（　　）

(4) 刃は引くときに材料が切断される。　　　　　　　　　　　（　　）

3 加工の方法について，次の問いに答えなさい。

(1) 下の図のAのように，仕上がり寸法線と切断線の間をあけるのはなぜか。(10点)
（　　　　　　　　　　　　　　　　　　　　　　　　　　　　　）

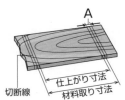

切断線　仕上がり寸法　材料取り寸法

(2) 両刃のこぎりには，横びき用と縦びき用の刃があるが，木材の繊維に対して斜めに切断する場合はどちらを使用するとよいか。(10点)
（　　　　　　　）

(3) 下の図で，よりかたい板材を切るのに適しているひき込み角度はどちらか。(5点)
（　　　　　　）

A　　　　　　　　　　　B
15°〜30°　　　　　　30°〜45°

(4) くぎとねじでは，取り外すことができるのはどちらか。(5点)
（　　　　　　）

☞ くわしく
図の道具は，組みあがった製品が直角であることを検査する際にも用いられる。

☞ くわしく
長手と妻手は，材料の長さによって使いわける。

ポイント
●けがきに用いる道具
木材…鉛筆
金属…けがき針

ポイント
弓のこの刃

ポイント
両刃のこぎりの刃

縦びき用
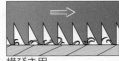
横びき用

構造を丈夫にする技術

別冊解答 P.5

得点

／100点

1 下の図を見て，四角形のフレームの構造を丈夫にする方法について，（　）に当てはまる言葉を下から選びなさい。(各10点)

(1) 図Aのように（①　　　　　　　）を入れて（②　　　　　　　）の構造にすると，丈夫になるが，空間が塞がれる。

(2) 図Bのように面を板で固定して（①　　　　　　　）にすると，補強効果は大きいが，（②　　　　　　　）を多く使うことになる。

(3) 図Cのように（　　　　　　　）を補強金具などで固定すると，内部空間を使うことができる。

| ・接合部 | ・材料 | ・斜め材 | ・内部空間 |
| ・三角形 | ・四角形 | ・面構造 | |

A   B   C

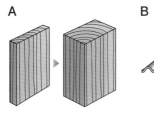

くわしく

Bのような構造では，全面ではなく，部分的に板で固定しても，補強効果は得られる。

ポイント

Cの場合，より丈夫にするためには，太い部材が必要になる。

2 下の図の説明に当てはまるものを選びなさい。(各10点)

A   B   C

(1) 板の端をおり曲げるなどして，断面の高さを高くすることで曲げの作用に対して，強くしている。　　　　　　　　　　（　　）

(2) 圧縮や引っ張りの力を受ける部材は断面積を大きくしている。　　　　　　　　　　　　　　　　　　　　　　　（　　）

(3) 荷重方向に高さをもたせるなどして断面の形を工夫している。　　　　　　　　　　　　　　　　　　　　　　　（　　）

ポイント

材料そのものを，木材から金属に代えるなどして，より丈夫にすることができるが，重さや使い勝手を考えて作る。

3 右の図を見て答えなさい。

高さをAの2倍にしたBは，矢印方向に対し，Aに比べて何倍の力に耐えられるか。　　　　(20点)

（　　）倍

A   B

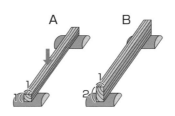

31

4 製作品の構想・製図

1 次の３つの製図について答えなさい。(各10点)

A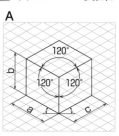

B

矢印は見る方向

C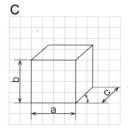

(1) Aの製図の方法をなんというか。　（　　　　　　　）

(2) Aでは，立体の底面の直角に交わる２辺を，水平線に対して傾けて線を引くが，傾ける角度は何度か。　（　　　　　　　）

(3) Aでは，立体の縦・横・高さの比率はどのように表すか。
（　　　　　　　）

(4) 立体のすべての面の形や寸法を正確に表すことができるのは，A～Cのうちどれか。　（　　　　　　　）

(5) Cでは，正面となる面を実物と同じ形に表すが，①奥行きの辺を，何度に傾けて描くか。また，②その長さは実際の長さのどのくらいの割合で表すか。
（①　　　　　　　）
（②　　　　　　　）

2 製図の表し方について次の問いに答えなさい。

(1) 寸法の数値の単位は何か。(10点)
（　　　　　　　）

(2) 太線で，物の外形の見えるところを示す線を何というか。(10点)
（　　　　　　　）

(3) 隠れ線という破線は，何を表しているか。(10点)
（　　　　　　　）

(4) 右の図を見て答えなさい。(各5点)

①　Aの寸法補助記号φと数字は，何を表しているか。
（　　　　　　　）

②　Bの「8キリ▽10」は，何を表しているか。
（　　　　　　　）

A

B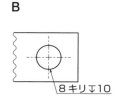

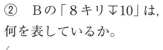

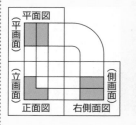

ポイント

●線の種類
実線…太線（外形線）
　　　細線（寸法線と寸法補助線,引き出し線）
破線…隠れ線
一点鎖線…中心線
二点鎖線…想像線

製作品の製作（問題解決の流れ）

別冊解答 P.5

得点

／100点

1 問題解決を図るために構想を練り，製作の計画を立てた。その際に必要なことについて，次の（　）に当てはまる言葉を答えなさい。

(各10点)

(1) 製作の作業手順をまとめた表を（① 　　　　　　　　　　　）という。
表には，その作業の順番ごとに，内容や材料，使用する
（② 　　　　　　　　　）や機器，ポイントをまとめる。

(2) 製図を基に必要な材料をまとめた表を（　　　　　　　　）といい，その表をもとに材料を準備する。

技術・家庭

2 製作するための工程を，下から選んで順に並べなさい。(各5点)

① （ 　　　　　　 ） → ② （ 　　　　　　 ） →

③ （ 　　　　　　 ） → ④ （ 　　　　　　 ） → 仕上げ

・組み立て　　・切断　　・部品加工　　・けがき

3 下のラックの構想図Aから作った部品表Bについて答えなさい。

A

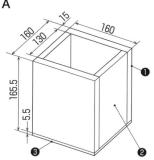

B

照合番号	部品名	材質	仕上がり寸法 (厚さ×幅×長さ)mm	数量
❶	側板A	パイン集成材	（　①　）	2
❷	側板B	パイン集成材	（　②　）	2
❸	底板	MDF	（　③　）	1
その他の材料		鉄丸くぎ(32mm, 22mm),接着剤,研磨紙,塗料など		

(1) Bの空欄に当てはまる数値を書きなさい。 (各10点)

① （ 　　　　　　　　　　　　　　　　　 ）

② （ 　　　　　　　　　　　　　　　　　 ）

③ （ 　　　　　　　　　　　　　　　　　 ）

(2) この部品表に従って側板の材料取りをするために，パイン集成材の板を用意した。切り代と削り代を4mmにすると，縦160mmで，横は何mm必要か。

(20点)

（ 　　　　　　　 ）mm

別冊解答 P.5

得点

／100点

6 製作のための技能（木材）①

1 木材のけがきについて，次の（　）に当てはまる言葉を答えなさい。

(各10点)

(1) 材料をけがく前に，平面度を調べて，平らで直角に交わる2面を
（　　　　　　　　　　）にする。

(2) けがく際は，（　　　　　　　　　　）や直角定規を用いて，鉛筆でけがく。

(3) 下の図のようにけがく線を引くときは，さしがねの長手で部品の長
さの寸法をとり，鉛筆で印を付ける。次に，さしがねの長手の内側
をこばの（①　　　　　　　）と密着させて，さしがねの
（②　　　　　　　）を用いてこばと直角な線を引く。

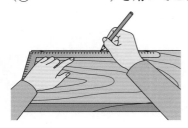

2 けがき線について，次の問いに答えなさい。(各10点)

(1) 実際に切る目印にする線のことを何と呼ぶか。

（　　　　　　　　　　　）

(2) 製品としてのでき上がりを示す線のことを何と呼ぶか。

（　　　　　　　　　　　）

(3) 次の（　）に当てはまる言葉や数字を答えなさい。

製品としてのでき上がりを示す線と，となりのでき上がりを示す線
の間は，のこぎりの厚さなどを考慮した（①　　　　　　　）と，仕
上げの際に滑らかにすることを考慮した（②　　　　　　　）として，
だいたい（③　　　　　　　）mm取る。その間の中心を通る線が，切
る目印の線となる。

(4) 下の図で，線を引くとき，鉛筆の定規への当て方として正しいもの
を選んで記号を書きなさい。（　　　）

A 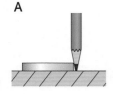　　B 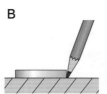　　C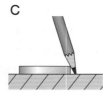

7 製作のための技能（木材）②

1 木材の材料取りをするとき，作業に使用する工具や使い方を下から選び，記号で答えなさい。(各10点)

(1) 木材の繊維方向と平行にまっすぐ切断する。 （　　）

(2) 木材の繊維方向と直角，あるいは斜めに切断する。 （　　）

(3) やわらかい材料や小さめの材料を切断する。 （　　）

(4) かたい材料や大きめの材料を切断する。 （　　）

(5) 曲線に合わせて切断する。 （　　）

A　両刃のこぎりの横びき
B　糸のこ盤
C　両刃のこぎりの縦びき
D　両刃のこぎりを片手びきで使用
E　両刃のこぎりを両手びきで使用

2 かんなの使い方について，次の（　）に当てはまる言葉を答えなさい。

(各10点)

(1) 刃先を調整するときは，はじめに目線を（　　　　　）側からしたば面が線に見える位置に合わせ，かんな身の刃先の出を確認する。

(2) かんなの刃先を出したいときには，かんな身の（　　　　　）をげんのうなどでたたく。

(3) かんな身を抜きたいときには，（　　　　　）の角を，かんな身と平行に左右交互にげんのうなどでたたく。

3 卓上ボール盤の使い方について，次の（　）に当てはまる言葉を下から選びなさい。(各5点)

(1) スイッチを入れる前にドリルが（　　　　　）に固定されていることとチャックハンドルが外されていることを確認する。

(2) 材料を捨て板の上に（　　　　　）や万力で固定する。

(3) 作業用の（　　　　　）は巻き込まれることを防ぐため，絶対に着用しない。

(4) 通し穴をあけるときは（　　　　　）を敷き，止まり穴の場合はストッパで調節する。

・手袋　　・クランプ　　・捨て板　　・ドリルチャック

くわしく

糸のこ盤

・糸のこの刃は，木材用・金属用・プラスチック用とあり，用途に合わせて付け替える。

・刃は下向きにして，下側から上側の順に取り付ける。

技術・家庭

ポイント

かんなの名称

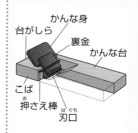

ポイント

卓上ボール盤

別冊解答 P.6

得点

／100点

8 製作のための技能（木材）③

1 製品の組み立てについて，次の（ ）に当てはまる言葉を下から選びなさい。(各10点)

(1) 製品の部品が準備できたら，部品の形状と寸法を確認して，
（　　　　　　　　　　　　　　　）を行い，組み立ての手順を考える。

(2) 鉛筆とさしがねを用いて結合部の（　　　　　　　　　　　　）をする。

(3) くぎ打ちの位置を決め，（①　　　　　　　　　　　　　　）を用いて，くぎの（②　　　　　　　　　　　　　）をあける。

> ・下穴　　・けがき　　・四つ目ぎり　　・仮組み立て

2 次の【 】の正しいものを選びなさい。(各10点)

・木材の接合部に，げんのうでくぎを打ち付けるときは，最初はげんのうの【①**平らな面・曲面**】で打ち，最後は材面に傷がつかないように【②**平らな面・曲面**】で打ち付ける。

3 右の図で，Aのくぎをはじめに打ちつけるとすると，次に打つのはア〜ウのどれか。(20点)

（　　）

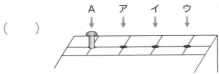

4 はけ塗りについて，次の問いに答えなさい。(各5点)

(1) 右の図で，板材の端から塗装するとき，塗りはじめのはけを動かす方向で正しいのはAとBのどちらか。（　　）

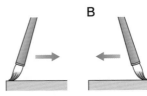

(2) 次の文で正しいものに〇，誤っているものに×を書きなさい。

ア　板材をはけで塗るときは，木目の繊維の方向と直角の方向に塗る。
（　　）

イ　上塗りの際は，製品の外側に当たる部分をはじめに塗る。
（　　）

ウ　一般的に広葉樹の板材では目止め剤を擦り込むことがあるが，針葉樹の板材では目止めはしない。
（　　）

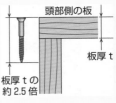

別冊解答 P.6

得点

／100点

製作のための技能（金属・プラスチック）①

技術・家庭

1 金属やプラスチックのけがきについて，次の（ ）に当てはまる言葉を答えなさい。(各10点)

(1) 金属板をけがくときは（ 　　　　 ）を用い，塗装やめっきをはがさないようにけがく。

(2) 鋼尺の端の目盛りは（ 　　　　 ）になっている。

(3) 金属板のけがき線が見えづらいときは，（ 　　　　 ）のマーカーなどをけがき面に塗ってから，その上にけがく。

(4) 保護紙が貼ってあるプラスチックにけがき線を描く場合は，その上から（ 　　　　 ）で描く。

(5) 穴や円の中心をけがくとき，金属板は（ 　　　　　　　 ）を中心に合わせ，ハンマで軽くたたく。プラスチックは，中心にきりで小さな穴をあける。

2 折り曲げ加工について，次の問いに答えなさい。

(1) 折り曲げ加工をする部品のけがきをするとき，仕上がりの長さに考慮して加える長さは何か。(10点)

（ 　　　　　　 ）

(2) 金属の棒材を折り曲げるときに，万力に片側を固定して，曲げる側の棒材にはどのようなことをすればよいか。(5点)

（ 　　　　　　 ）

(3) プラスチック板の折り曲げで，ヒータにのせて加熱するのは，折り曲げたとき外側になる面か，内側になる面のどちらか。(5点)

（ 　　　　　　 ）

3 次の【 】の正しいものを選び，記号で答えなさい。(各10点)

(1) 弓のこに，のこ刃を取り付けるとき，切れる方向は，
【 ア 押す方向 ・ イ 引く方向 】に取り付ける。

(2) 金属の管材を切断する場合，材料を
【 ア 固定したまま ・ イ 回しながら 】切断する。

(3) 金切りばさみでうすい金属板を切り進めるとき，切り離した部分を軽く【 ア 上 ・ イ 下 ・ ウ 横 】にすると切りやすい。

(1)（ 　 ） 　(2)（ 　 ） 　(3)（ 　 ）

☞ くわしく

金属の棒材を90°以上折り曲げる場合

曲げる辺の両方にパイプをかぶせて両手で折り曲げる。

ポイント

金切りばさみ

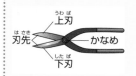

刃の中央で切る。

10 製作のための技能（金属・プラスチック）②

1 金属やプラスチックの表面処理について，次の（　）に当てはまる言葉を下から選びなさい。(各10点)

(1) 素地磨きの前に表面にくぼみがある場合は，
　　（　　　　　　　　　　　　　）で埋める。

(2) はじめに細かい傷をとるために目の細かい（　　　　　　　　　　　）
　　で磨く。

(3) マジックでけがいた線は，（　　　　　　　　　　　）で消す。

(4) プライマー，サーフェイサーなどの（　　　　　　　　　　　）を塗る。

(5) 塗装しない部分は（　　　　　　　　　）を貼ってから塗装する。

> ・アルコール　　　・マスキングテープ
> ・パテ　　　　　・研磨紙　　　・下地塗料

■❗くわしく
●研磨紙の種類
研磨紙は，番号の数が多くなるほど，目が細かくなる。木材を磨くときは，粗いものから細かいものへと替えて磨く。

2 下の図の方法の塗装を何というか。(各10点)

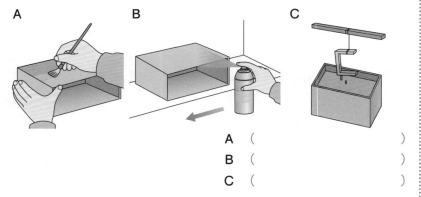

A　　B　　C

A（　　　　　　　　　　）
B（　　　　　　　　　　）
C（　　　　　　　　　　）

3 次の塗料の説明に当てはまるものを下から選び，記号で答えなさい。
(各5点)

(1) 木材や金属に用いて，光沢があり，耐候性がよい。　　　（　　）

(2) 金属に用いる，鉄部の下塗り塗料。防さび効果が高く，乾燥が速い。
　　　　　　　　　　　　　　　　　　　　　　　　　　　（　　）

(3) 金属に用い，光沢があり，耐水性，耐候性がよい。鉄部に直接塗装
　　できる。　　　　　　　　　　　　　　　　　　　　　（　　）

(4) 木材に用い，着色と透明ニス仕上げが同時にできる。　（　　）

> ア　水性ニス　　　　　　イ　水性艶ありペイント
> ウ　水性鉄部ペイント　　エ　水性さび止めペイント

■❗くわしく
●塗料
・水性ステイン…木製品の着色用。乾燥がやや遅い。
・水性エナメル…金属とアクリル樹脂に用いる。塗膜がかたい。乾燥が速い。
・合成樹脂調合ペイント…木材・金属に用いる。光沢があり，耐候性がよい。

別冊解答 P.6

得点

／100点

① これからの材料と加工の技術

1 次の（　）に当てはまる言葉を下から選びなさい。(各10点)

(1) 持続可能な社会とは，社会，（　　　　　　　　），経済の三要素のバランスを取ることを目指した社会のことである。

(2) 持続可能な社会の実現を目指すために，新しく製品をつくる際は，生活上での（①　　　　　　　）や価格だけではなく，製造過程，使用中，その後（②　　　　　　　）するときにも環境へ影響がおよばないように考慮する。また安全性の確保や，資源が無駄にならないように（③　　　　　　　）に重点をおいて，材料と加工の技術を評価し，適切に選択することが大切である。

> ・必要性　　・耐久性　　・環境　　・廃棄

2 CLTについて，（　）に当てはまる言葉を下から選びなさい。(各5点)

(1) CLTは，建築に（①　　　　　　　）を利用したい，工期を（②　　　　　　　）したい，（③　　　　　　　）や合板では，（④　　　　　　　）が足りないなどの社会からの要求からできた材料である。

(2) CLTは，複数の木材を，繊維方向が（①　　　　　　　）に交わるように接着し，圧縮するという新しい技術でできた木質材料である。強度は（②　　　　　　　）くらいまで高めることができる。

> ・直角　　・強度　　・短縮　　・木材
> ・集成材　　　　・コンクリート

3 次の社会の要求に対して，新国立競技場の建築に生かされている技術を下から選び，記号で答えなさい。(各10点)

(1) 木の温もりを保ちつつ丈夫さを実現すること。　　（　　　　　）

(2) 地域の環境と調和できること。　　（　　　　　）

(3) 伝統技術と自然とを活用すること。　　（　　　　　）

> ア　木と緑のひさしで建物を構成し，温もりを感じさせる。
> イ　伝統建築を利用したひさしと卓越風を取り入れて，自然エネルギーにより温熱環境を向上させる。
> ウ　木材と鉄骨を組み合わせた部材を使用する。

ポイント

●資源のリサイクル

・マテリアルリサイクル…製品を原料に戻して利用すること。

・ケミカルリサイクル…化学変化で別の物質にして利用すること。

・サーマルリサイクル…燃やした熱を利用すること。

技術・家庭

ポイント

CLT
…Cross Laminated Timberの略。

12 生物育成の技術の原理・法則と仕組み

別冊解答 P.6

得点

／100点

1 次の問いに答えなさい。

(1) 次の例に当てはまる生物の生産の目的を，下から選びなさい。

(各5点)

例①
家畜の飼育
地域特産の野菜の栽培

① （　　　　　　　　　）

例②
医薬品の生産
ニワトリの受精卵にワクチン株を接種，増殖

② （　　　　　　　　　）

例③
材木の生産
イグサの生産
カイコの飼育

③ （　　　　　　　　　）

例④
公園の花壇の整備
海のプランクトンを増やすための植林活動

④ （　　　　　　　　　）

> ・自然環境の保全　　・材料や燃料の生産
> ・食料の生産　　　　・健康や医療など

(2) 次の技術は (1) の選択肢のどの目的に当てはまるか。(各10点)

① 羊から羊毛を取る。　　　　　　　（　　　　　　　　　）

② 海岸に松林を整備する。　　　　　（　　　　　　　　　）

2 次の（ ）に当てはまる言葉を下から選びなさい。(各10点)

(1) それぞれの生物の特徴や成長に合わせて，（①　　　　　　　）条件や温度，（②　　　　　　　）の管理などを行うさまざまな技術を，（③　　　　　　　）を調節する技術という。

(2) それぞれの生物の特徴と成長に合わせて，成長の場所を変えたり，間引きをしたり，（①　　　　　　　）を与えたりして成長を調節する技術を，生物の成長を（②　　　　　　　）する技術という。

(3) それぞれの生物そのものに備わる特徴を，よりよくしたり，より多く収穫できるようにしたり，病気に強くなるようにしたりする技術を，生物の特徴を（　　　　　　　）する技術という。

> ・改良　　・管理　　・育成環境　　・水　　・肥料　　・日照

📖 くわしく

○**食料の生産**
　田んぼ，畑
○**材料・燃料の生産**
　籠作りのための竹の栽培
○**健康・医療**など
　薬草の栽培
○**自然環境の保全**
　河川の護岸のための柳の植林，桜の並木

📖 くわしく

品種改良
食用の場合，多くは収穫量や耐病性，食味などの性質を向上させる目的で行われる。

3 作物の栽培技術①

1 植物の生育を取り巻く環境を3つ書きなさい。(各10点)

(1) 病害虫・小動物など （　　　　　　　　）

(2) 水分・養分 （　　　　　　　　）

(3) 光・温度・湿度・風 （　　　　　　　　）

2 次の（　）に当てはまる言葉を答えなさい。(各5点)

・植物の成長には，土の粒子や有機物が結合して小さな塊になっている（①　　　　　　　　）の土が適している。水はけがよく，（②　　　　　　　　）がある。隙間に（③　　　　　　　　）が保たれるため水持ちもよい。

3 次の土の種類の特徴を下から選び，記号で答えなさい。(各4点)

(1) 黒土 （　　　）

(2) 赤玉土 （　　　）

(3) 腐葉土 （　　　）

(4) バーミキュライト （　　　）

(5) パーライト （　　　）

ア	落ち葉を堆積して発酵させたもの。
イ	赤土の塊。通気性，保水性，排水性がある。
ウ	真珠岩を砕き，焼成加工したもの。通気性，排水性がよい。
エ	有機物を多く含む。排水性に欠ける。
オ	ひる石を焼成加工したもの。通気性，排水性がよい。

4 次の（　）に当てはまる言葉を下から選びなさい。(各5点)

(1) 植物が成長するには，葉から吸収する（①　　　　　　　　），酸素，根から吸収する（②　　　　　　　　）のほかに，土の中で水に溶けて，根から吸収される養分が必要である。

(2) 養分には，茎や葉・根をつくる（①　　　　　　　　）と，成長の盛んな花や果実の発育に必要な（②　　　　　　　　）と，光合成を盛んにして果実や根の成長を助ける（③　　　　　　　　）の3つの要素があり，これらを肥料としてバランスよく与える。

(3) 有機肥料には，牛ふん堆肥や（①　　　　　　　　）など，化学肥料には，液体肥料や（②　　　　　　　　）などがある。

・水	・油かす	・化成肥料 ・二酸化炭素
・リン酸（P）	・カリウム（K）	・窒素（N）

くわしく

腐葉土…土をやわらかくし，通気性や保水性を高める。自然界では，ミミズや微生物によって時間をかけて作られるが，市販品は人工的に作られていることが多い。

ポイント

●農薬の種類

・殺菌剤…病気の発生を防ぐ。

・殺虫剤…害虫の駆除。

・除草剤…雑草の枯死。

くわしく

有機肥料…ゆっくりと効き，効果は長く続く。

化学肥料…化学的に合成したもので，速く効く速効性と，ゆっくり効く緩効性がある。

14 作物の栽培技術②

1 種まきの仕方について，次の問いに答えなさい。

(1) 次の（ ）に当てはまる言葉を答えなさい。(各8点)

A セルトレイまきは，1つのトレイに1粒の種をまく方法。種が

（① ），すぐに大きく成長しない

（② ）やパンジーなどの栽培に用いる。子葉

と本葉が出たらポットに移植する。

B ポットまきは，ポリポットなどに種をまく方法。発芽した後の

（③ ）を省略できる。

C じかまきは，（④ ）などのように，種の

（⑤ ）もので移植を嫌うものを直接畑や花壇にまく。

(2) 上のA，B，Cの説明に合うものを下の図から選びなさい。(各10点)

A（ ） B（ ） C（ ）

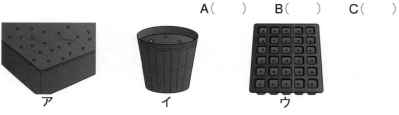

ア　　　　　　イ　　　　　　ウ

2 次の図のじかまきの種類は，何というか。名称と説明の文を下から選び，記号で答えなさい。(各10点)

(1)（ ）　　(2)（ ）　　(3)（ ）

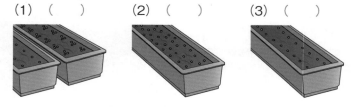

> ア　ばらまき。ニホンサクラソウやコリウスなどをまくときに
> 　　適する。
> イ　点まき。ダイコンやヒマワリなどをまくときに適する。
> ウ　すじまき。コマツナ，ミズナなどをまくときに適する。

くわしく

セルトレイまきは，室内に置けるため，管理がしやすい。

くわしく

発芽処理

かたくて吸水性が悪い種子を，刃物で種皮をきずつけたり薬品で処理したりして，発芽させること。

ポイント

ばらまき…細かい種。
点まき…大きい種や高価な種。
すじまき…一般的な大きさの種。

⑤ 作物の栽培技術③

1 次のトマトの状態からどのようなことが考えられるか。下から選び
なさい。(各10点)

(1) 実の付きが悪い。葉が大きく緑色が濃い。
（　　　　　　　）

(2) 生育が悪く，下葉から淡い緑色から黄色に変化する。
（　　　　　　　）

(3) 実の付きが悪く，節間が長く伸びている。
（　　　　　　　）

(4) 下葉から暗い紫色になり，生育が抑制される。
（　　　　　　　）

(5) 下葉の葉脈の間が黄色に変化する。葉先から黄色に変化する。
（　　　　　　　）

(6) 果実の底部が腐る。葉先が褐色に変化する。
（　　　　　　　）

> ・リン酸（P）欠乏　　　・カルシウム（Ca）欠乏　　　・水分過多
> ・マグネシウム（Mg）欠乏　　・窒素（N）過多　　　・窒素（N）欠乏

2 誘因の方法が正しいものをア・イから選びなさい。(10点)

ア　　　　　　　イ
（　　　　　　　）

3 次の問いに答えなさい。(各10点)

(1) 植物を定植する前に土中の下に与える肥料は何か。
（　　　　　　　）

(2) 茎の先端部を摘み取り，結実やわき芽の成長を促すことを何という
か。
（　　　　　　　）

(3) 果菜類では，最初にできた実（一番果）を小さいうちに取り除くこ
とがあるが，一番果を残すとどんなことが起こるか。
（　　　　　　　）

くわしく

・カリウム（K）欠乏…マグネシウム（M）欠乏と似ている。葉先から黄色に変化。
・日照不足…茎が弱く葉がたれる。
・水不足…葉がしおれる。

ポイント

追肥…生育状態に応じて施す肥料を追肥という。
追肥は，根の真上ではなく根が伸びていく方向に施す。

別冊解答 P.7

16 生物育成の技術

得点 ／100点

1 次の（ ）に当てはまる言葉を答えなさい。(各5点)

(1) 人が利用するために，飼育する動物を（　　　　　　　　）という。

(2) ウシの原種が（　　　　　　　　）されることにより，乳用型，肉用型，役用型のウシとなった。

(3) 動物の飼育には，必要な栄養素を（①　　　　　　　　）して与え，成育や繁殖に必要な環境を整えるなど，人間の徹底した（②　　　　　　　　）が必要である。

2 水産生物の育成について，次の問いに答えなさい。

(1) クロマグロ，マダイ，クルマエビなどの生産では，天然と養殖ではどちらの生産量が多いか。（　　　　　　　　）(10点)

(2) 完全養殖と不完全養殖の違いを書きなさい。(10点)

（　　　　　　　　　　　　　　　　　　　　　　　　）

(3) 次の（ ）に当てはまる言葉を下から選びなさい。(各5点)

・養殖は，品質の良い水産生物の，安全，安価で，（①　　　　　　　）な生産および供給を目指す。対象とする魚種の選定には，需要があるか，病気などに強いか，（②　　　　　　　）が安価で安定して供給できるか，生産地の環境に適しているかなどのほかに，地域の（③　　　　　　　）など環境に影響がないように検討する。飼育するには，（④　　　　　　　）の管理，生物の（⑤　　　　　　　）の管理，成長に合った環境に調節するなどの技術が必要である。

| ・生態系 | ・安定的 | ・給餌 | ・水質 | ・健康 |

3 次の（ ）に当てはまる言葉を下から選びなさい。(各5点)

(1) 林業の仕組みは，（①　　　　　　　）→草刈りや（②　　　　　　　）→2度の間伐による（③　　　　　　　）の利用→（④　　　　　　　）による収穫，というサイクルとなっている。

(2) 健康な森林の育成は，生き物のすみかとなる，二酸化炭素を取り込んで（①　　　　　　　）を発生させるなどの自然環境の保全や，豪雨などによる（②　　　　　　　）の防止だけではなく，（③　　　　　　　）な資源の再生産という役割をもつ。

| ・土砂災害 | ・持続可能 | ・酸素 | ・植林 |
| ・枝打ち | ・間伐材 | ・主伐 | |

ポイント

●出荷までの期間

・ウシ（乳牛）…出生後2年で子牛を出産後，搾乳。出産・搾乳をくり返し約6年後に肉用として出荷。

・ウシ（オス）…オスの子牛は肉用として約2年で出荷。

・ブタ…肉用は約6か月で出荷。

・ニワトリ…肉用鶏（ブロイラー）は4～7週間で出荷。採卵鶏は生後5か月くらいから採卵をはじめ，2年で加工肉用として出荷。

ポイント

●養殖を行う場所や形態

・海面いけす…ブリなどの魚類

・海面いかだ…マガキなどの二枚貝や藻類

・陸上水槽…流水式，閉鎖的な環境で水をろ過する方式など

・ため池・水田など…休耕田の活用。ホンモロコ，ナマズなどの淡水魚

別冊解答 P.7

得点　　／100点

❸ 生物育成の技術による問題解決

1 生物育成の技術について，次の（　）に当てはまる言葉を答えなさい。

(各5点)

(1) 閉鎖的な環境で作物を育てるための環境を整えたものを
（①　　　　　　　　）という。太陽光を使わずに閉鎖施設で光，温度，湿度，二酸化炭素，養分，水分などを制御するものと，太陽光は利用して，季節による気温の変化に対応するビニルハウスのような
（②　　　　　　　　）で栽培するものがある。

(2) 植物工場では，（①　　　　　　　　）に関係なく品質のよいものを通年で収穫できるような育成環境を作り，（②　　　　　　　　）の需要に合わせて出荷できるように成長を管理することができる。また，閉鎖的環境なので除草剤や（③　　　　　　　　）の使用も抑えられる。

(3) 一方で，植物工場は設備と維持に（　　　　　　　）が多くかかり，電気などのエネルギーの消費も大きく，環境に負荷がかかる。

2 次の（　）に当てはまる言葉を答えなさい。

(1) 日本の農業の問題点として，従事者の（①　　　　　　）と高齢化，開発などによる（②　　　　　　　）の減少，（③　　　　　　）からの安い作物の輸入による販売価格の下落，気候変動などへの対応などが挙げられる。生物育成の技術の考え方を取り入れて，解決の糸口を見つけていくことが必要である。(各10点)

(2) 作物育成の計画から収穫をして，問題が解決できたかを評価するために，必要な観点を書きなさい。(各4点)

① (　　　　　)…(例) 収穫物の大きさ，おいしさなど
② (　　　　　)…(例) 収穫物の数量
③ (　　　　　)…(例) 除草剤など農薬の使用や道具の扱い方
④ (　　　　　)…(例) ごみなどの処理
⑤ (　　　　　)…(例) 種や肥料，プランターなど

(3) 作物育成の計画から収穫をして，(2)での評価のほかに，評価する必要のあることを2つ書きなさい。(各10点)

① (　　　　　　　　　　　　　　　　　　)
② (　　　　　　　　　　　　　　　　　　)

くわしく
ビニルハウスは，太陽光利用型。

太陽光を遮断する植物工場は完全人工光型。

▲植物工場

くわしく
評価グラフ（例）

技術・家庭

45

18 これからの生物育成の技術

1 次の（　）に当てはまる言葉を答えなさい。(各10点)

・農薬を使用するプラス面は，（①　　　　　　　）の被害を防いで，
傷まない状態で，（②　　　　　　　）も多くできること。除草剤では，
草取りにかかる手間や時間が（③　　　　　　　）できることが挙げ
られる。

・マイナス面としては，（④　　　　　　　）がかかることが挙げられる。
農薬が人体や人間の生活，自然界の（⑤　　　　　　　）に与える影
響を心配する声もある。

2 これからの農業について，次の問いに答えなさい。(各5点)

(1) ロボット技術や情報通信技術（ICT）を活用する新たな農業のこと
を何というか。

（　　　　　　　　　　　　）

(2) (1)のような技術では，どのようなことが実現できるとされている
か。2つ挙げなさい。

（　　　　　　　　　　　　）
（　　　　　　　　　　　　）

3 GAP（農業生産工程管理）について，次の問いに答えなさい。

(1) GAP（農業生産工程管理）で取り組んでいる例を**ア〜オ**から3つ選
びなさい。(各5点)

| ア　環境保全　　イ　消費者の保護　　ウ　労働安全 |
| エ　広告宣伝の規制　　オ　食品安全 |

（　　　）・（　　　）・（　　　）

(2) 次の（　）に当てはまる言葉を下から選びなさい。(各5点)

・GAP（農業生産工程管理）は，定められた規則での農薬の使用など
農業生産工程の記録・点検・（①　　　　　　　）を行うことによっ
て（②　　　　　　　）の確保を目指すものである。
生産者のプラス面には，（③　　　　　　　）の向上，販売量の増加，
農作業事故の減少，などがある。消費者のメリットでは，
（④　　　　　　　）な食品を選択できることが挙げられる。

| ・品質　　・評価　　・持続可能性　　・安全，安心 |

ポイント
●新たな農業での活用
・IoT（モノのインターネッ
ト）での制御
・AI（人工知能）
・農業用ロボット

くわしく
● GAPのその他の取り組
み
・人権保護
　強制労働の禁止
　差別の禁止
　技能実習生の適切な労働
　条件の確保　など
・農場経営管理
　責任者の配置
　教育訓練の実施
　内部点検の実施　など

③ エネルギー変換の技術の原理・法則と仕組み

1 次の（ ）に当てはまる言葉を答えなさい。(各5点)

(1) 身の回りの機器はエネルギーを利用して仕事をしている。照明が
（① 　　　　　　　　　）エネルギーを（② 　　　　　　　　　）エネルギーに変
えているように，形態を用途に応じて変えていくことを，
（③ 　　　　　　　　　　　　　　）という。

(2) エネルギー資源には次のようなものがある。
　① 化石燃料…石油・（ 　　　　　　　　　）・天然ガスなど
　② 自然エネルギー…水力・（ 　　　　　　　　　）・太陽光・地熱など
　③ 核燃料…（ 　　　　　　　　　）・プルトニウム

(3) いろいろなエネルギーに変換しやすく，供給する仕組みがあるので，
現在は（ 　　　　　　）エネルギーが，エネルギー利用の中心となっ
ている。

2 次の問いに答えなさい。(各5点)

(1) エネルギーを使用するとき，使用目的のために利用されるエネル
ギーのほかに放出されるエネルギーが生じることを何というか。
（ 　　　　　　　　　　　　　　　　）

(2) 供給されるエネルギーのうち，使用目的のために利用されるエネル
ギーの割合を示すものを何というか。
（ 　　　　　　　　　　　　　　　　）

(3) 火力発電・原子力発電・水力発電の中で最もエネルギー変換効率が
高いのはどれか。
（ 　　　　　　　　　　　　　　　　）

3 次の問いに答えなさい。(各10点)

(1) コイルや磁石を動かすことで電流が流れる現象を何というか。
（ 　　　　　　　　　　　　　　　　）

(2) 発電機とモータのエネルギー変換について，次の（ ）に，電気あ
るいは運動のどちらか当てはまる言葉を答えなさい。
・発電機はコイルが回る（① 　　　　　　　）エネルギーを
（② 　　　　　　　）エネルギーに変換して電気を利用することがで
きる。
・一方，モータは電気を流すことによって（③ 　　　　　　　）エネ
ルギーを（④ 　　　　　　　）エネルギーに変換して機器を動かす
ことができる。

ポイント
●エネルギー変換効率(%)
の求め方

$$\frac{\text{使用目的に利用されるエネルギー}}{\text{供給されるエネルギー}} \times 100$$

別冊解答 P.8

得点

／100点

20 エネルギー資源の利用

1 発電について，次の（　）に当てはまる言葉を答えなさい。(各10点)

(1) ほかのエネルギーを電気エネルギーに変換することを発電という。身の回りで利用している電気は，（　　　　　　　　　　　）で作られている。

(2) 発電は，石油や石炭などの（① 　　　　　　　　　　　）や核物質などの地下資源の埋蔵量に限りがあるエネルギーを利用したものと，水力や風力，太陽光などの（② 　　　　　　　　　　　）エネルギーを利用したものがある。

2 次の発電方法のプラス面とマイナス面を，下のア～コから選び，記号で答えなさい。(各7点)

①火力発電（石炭）

　　　　　　　　　プラス面（　　）　　マイナス面（　　）

②原子力発電

　　　　　　　　　プラス面（　　）　　マイナス面（　　）

③水力発電

　　　　　　　　　プラス面（　　）　　マイナス面（　　）

④太陽光発電

　　　　　　　　　プラス面（　　）　　マイナス面（　　）

⑤風力発電

　　　　　　　　　プラス面（　　）　　マイナス面（　　）

> **ア**　ダム式は自然環境を壊す。
> **イ**　安定して電気を供給できる。資源は有限だが，埋蔵量は多い。
> **ウ**　燃焼により，大量のCO_2を発生する。日本では，資源をほぼ輸入に頼っている。
> **エ**　燃料のコストがかからない。
> **オ**　安定して電気を供給でき，エネルギー変換効率がよい。
> **カ**　資源のコストがかからない。CO_2の排出はない。
> **キ**　使用済み核燃料の処分ができない。
> **ク**　発電量が安定していない。設置による環境破壊や低周波騒音の問題がある。
> **ケ**　発電量が安定しない。日射量の少ない場所では適さない。
> **コ**　安定して電気を供給できる。CO_2の排出はない。

くわしく

●その他の発電方法
・水素エネルギー／燃料電池
・タイトオイル／シェールガス
・再生可能エネルギー
　太陽熱
　海洋（波力，海流，潮流）
　温度差発電

ポイント

エネルギーミックス
日本のエネルギー自給率を上げることと，二酸化炭素の排出量を抑えるため，複数の発電方法を組み合わせること。

① 電気の利用①

別冊解答 P.8

得点

／100点

1 次の問いに答えなさい。

(1) 直流（DC）の電流値を示すグラフはA，Bのどちらか。(15点)

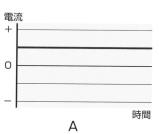

A

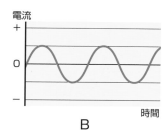

B

（　　）

(2) 次の（　）に当てはまる言葉を下から選びなさい。(各5点)

・電池や（①　　　　　　　）で作られる電流は，直流（DC）といい，時間が経過しても電流の（②　　　　　　　）が変わらない。

・家庭内のコンセントに送られてきている電源は，交流（AC）といい，（③　　　　　　　）とともに電流の向きと大きさが周期的に変わる。

> ・大きさ　　　・向き　　　・発電機　　　・時間

(3) 次の（　）に当てはまる言葉を答えなさい。(各10点)

・交流（AC）の電気は，（①　　　　　　　）といって，電圧の高さを簡単に変えることができる。

・電圧を（②　　　　　　　）すると，送電によるエネルギー損失が少なくなるので，（③　　　　　　　）から離れた各地まで電気を送るのに適している。

2 次の（　）に当てはまる言葉を下から選びなさい。(各10点)

(1) 発電所で作られた電気を配電用変電所まで送ることを

（①　　　　　　　），配電用変電所から各地へ送ることを

（②　　　　　　　）という。発電所では各家庭や工場などの電気の

（③　　　　　　　）の予想に基づいて，発電量を調節する。

(2) 発電所で275,000～500,000Vであった電圧が，いくつかの変電所を経て，配電用変電所から電柱（柱上変圧器）を通して，家庭に送られるときの電圧は（　　　　　　　）となる。

> ・消費量　　　・送電　　　　・配電
> ・1.5V　　　・100Vか200V　　・6,600V

ポイント

●電池の種類

一次電池

・マンガン電池

・リチウム電池

・アルカリ電池

二次電池（充電できる）

・鉛蓄電池

・ニッケル・水素蓄電池

・リチウムイオン電池

ポイント

ACアダプタ

コンセントに供給されている交流100Vの電気を直流5～12Vなどに変換するもの。

技術・家庭

22 電気の利用②

▶ 別冊解答 P.8

得点　　／100点

1 下の回路図について，次の（　）に当てはまる言葉を答えなさい。また，【　】の正しいものを選びなさい。

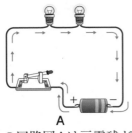　　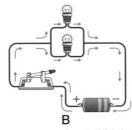

A　　　　　　　　　　　　B

(1) 上の回路図Aは豆電球が（①　　　　　　　　　），回路図Bは
（②　　　　　　　　　）につながっている。Aでは，豆電球1個と比較して明るさは（③　　　　　　　　　　　）なり，Bでは，明るさは
（④　　　　　　　　　　）。（各10点）

(2) 電気回路の要素として，豆電球の部分は（①　　　　　　　），乾電池の部分は（②　　　　　　　）という。（各10点）

(3) 上の回路を回路図に表したとき，ランプ部分は

【① ⊗ ・ Ⓜ 】で，スイッチ部分は【② ⊣⊢ ・ ⌒⊸ 】で示される。

（各5点）

2 電気機器の安全利用について，次の（　）に当てはまる言葉を答えなさい。（各5点）

(1) 電圧の異なる2つの電線が接触して，大きな電流が流れることを
（①　　　　　　　　　　）といい，また，回路以外に電流が流れることを（②　　　　　　　　）という。①を防ぐために回路を自動的に遮断する装置を（③　　　　　　　　）という。

(2) 漏電による感電や火災を防ぐためには，（　　　　　　　　　）を取り付ければよい。

3 電気機器の保守点検について，次の（　）に当てはまる言葉を答えなさい。（各5点）

(1) 電気機器が作動しない場合に最初にすることは
（　　　　　　　　　　　　　　　　）ことである。

(2) 電源プラグとコンセントの間にほこりがたまり，発火すると
（　　　　　　　　　）が起こるので，こまめな掃除が必要である。

③ 運動の利用

1 運動エネルギーの変換について，次の（　）に当てはまる言葉を下から選びなさい。

(1) 目的に応じてエネルギーの形を変えることを

（① 　　　　　　　　　）といい，その際，使用目的以外に放出されるエネルギーを（② 　　　　　　　　　）という。(各10点)

(2) 回転運動では，駆動軸と被同軸の回転速度の比を

（① 　　　　　　　　　）といい，歯車の歯数を変えると目的に応じた（② 　　　　　　　　　）が得られる。(各5点)

> ・速度伝達比　　・エネルギー損失
> ・回転力　　・エネルギー変換

2 機械が動く仕組みについて，次の（　）に当てはまる言葉を答えなさい。(各10点)

(1) 4本の棒からなる往復運動の仕組みを（　　　　　　　）と呼ぶ。

(2) 回転運動をするリンクを（① 　　　　　　　），揺動運動をするリンクを（② 　　　　　　　）という。

(3) （　　　　　　　）は原動節と従動節からなり，回転運動を複雑な動きに変化させる。

3 機械の保守点検について，次の（　）に当てはまる言葉を下から選びなさい。同じ言葉を使ってもよい。(各5点)

(1) どんな機械にも用いられるよう，大きさなどを規格に定めた部品を

（① 　　　　　　　）といい，ねじ・（② 　　　　　　　）・軸と軸受などがある。

(2) 機械の性能を継続的に発揮させるために（　　　　　　　）を行う。

(3) 自転車の保守点検では，人が乗ったときのタイヤの接地面がほぼ

（① 　　　　　　）cmになるよう空気圧を調整し，ライトは前方約

（② 　　　　　　）m先を照らせるようにする。ブレーキの調整は

（③ 　　　　　　）をゆるめたり締めたりして行う。

> ・10　　・20　　・保守点検　　・共通部品
> ・ロックナット　　・ばね

技術・家庭

🖙 くわしく

製造責任と保守点検

・**飛行機**＝製造責任は航空機メーカー

＝保守点検は航空会社

・**自転車**＝製造責任はメーカー

＝保守点検は利用者

ポイント

自転車保守点検

チェーンやブレーキワイヤの動きが悪くなったら潤滑油を注ぐとよい。

24 エネルギー変換の技術による問題解決

1 エネルギー変換について，次の（　）に当てはまる言葉を答えなさい。
（各10点）

(1) 石油・石炭などの（① 　　　　　　　），核燃料，風・太陽光などの
（② 　　　　　　　）から得たエネルギーはおもに電気エネルギーに変換される。

(2) エネルギー変換効率は，使用目的に利用されるエネルギーである
（① 　　　　　　　）と，元となるエネルギーの
（② 　　　　　　　）から算出できる。

2 エネルギー変換の技術について，正しいものには○，誤っているものには×を書きなさい。（各10点）

(1) エネルギーは限られているので効率的に利用しなくてはならない。
（　　　）

(2) 製品の生産から使用・廃棄までのライフサイクルを考えてエネルギーを利用すべきだ。
（　　　）

(3) 化石燃料を大量消費すると，多量の酸素が排出され，地球温暖化を招く。
（　　　）

3 エネルギー変換を利用して，自動点灯ライト装置を作る場合，次の（　）に当てはまる言葉を下から選びなさい。（各10点）

(1) 電源については，乾電池と（ 　　　　　　　）のどちらが適切かを検討する。

(2) 赤外線センサモジュールを使うメリットを考えるのは，回路の
（ 　　　　　　　）についての検討である。

(3) 必要な明るさを確保するためにどのようなLEDにするのかを検討するには，（ 　　　　　　　）への負荷や経済性の視点が必要である。

> ・制御　・負荷　・環境　・充電池

📖 くわしく

自然エネルギーの中でエネルギー変換効率が最もよいのは水力発電。ダムを利用して発電量が調整できるのがメリットだが，水源確保が課題となる。

📖 くわしく

化石燃料＝石油・石炭・天然ガスなど。
石油は海底深くでプランクトンなどの死骸が数千万年の間に変化したものといわれる。

▶ 別冊解答 P.9

⑤ これからのエネルギー変換の技術

得点

／100点

---

1 エネルギー変換の技術の工夫について，次の（ ）に当てはまる言葉を下から選びなさい。(各7点)

(1) エネルギー変換を利用した製品の開発では，使用者が求める機能や（① 　　　　　　　　　），生産／保守管理のしやすさ，使ったあとの（② 　　　　　　　　　）のしやすさなどを考える必要がある。また，だれもが使える安全性や（③ 　　　　　　　　　），使用者の負担にならない（④ 　　　　　　　）なども考慮すべき条件である。

```
・省エネルギー性    ・廃棄    ・経済性    ・使いやすさ
```

2 ロボット技術について，次の（ ）に当てはまる言葉を下から選びなさい。(各7点)

(1) ロボット技術を利用すると，物流分野では，作業者の（① 　　　　　　　　　）や（② 　　　　　　　　　）などが実現できる。

(2) 収穫分野では，収穫作業の（① 　　　　　　　　　），（② 　　　　　　　　　）の向上などが図られる。

(3) 老朽化した建造物などの危険な場所の点検に（ 　　　　　　 ）が利用できる。

(4) 医療分野では，（ 　　　　　　 ）ロボットなどの開発がすでに試みられている。

```
・省スペース化    ・生産効率    ・手術支援
・ドローン        ・負担軽減    ・省力化
```

3 研究されているエネルギー変換技術について，次のそれぞれの技術が当てはまる技術分野はどれか。（ ）に当てはまるものを下から選び，記号で答えなさい。(各10点)

①エネルギーをつくる技術　　　　　　　　　　　　（ 　　 ）

②省エネルギーの技術　　　　　　　　　　　　　　（ 　　 ）

③エネルギーをためる技術　　　　　　　　　　　　（ 　　 ）

```
A ヒートポンプ…冷媒の性質を活用して温度を上下させる技術
B 潮流発電技術…潮の満ち引きを利用した発電方法
C リチウムイオン電池…急速充電・放電で電気自動車に利用
```

ポイント

●エネルギー変換の技術の利用例

太陽光パネル
太陽電池によって，光エネルギー→電気エネルギーへの変換
最適化のための例：
エネルギー変換効率を高めるための改良

技術・家庭

くわしく

エネルギー変換技術のプラス面とマイナス面

プラス面
・労働や作業の軽減
・輸送などの効率化
・生産性の向上
マイナス面
・環境への負荷
・資源の枯渇

26 情報の技術の原理・法則と仕組み

1 情報の技術について，次の（ ）に当てはまる言葉を下から選び，記号で答えなさい。(各8点)

(1) コンピュータなどの情報の技術には，キーボードで情報を入力したり，ディスプレイに処理結果を出力したりする（① ）をはじめ，（② ）つの機能がある。

メモリやハードディスクに処理結果を覚えさせる（③ ），情報処理や命令実行の働きをする（④ ）がそれである。

これらの機能を実現する装置を（⑤ ），動作させるプログラムなどを（⑥ ）と呼ぶ。

(2) エアコンやテレビで入力機能を果たすのは（① ）で，プリンタやディスプレイは（② ）の代表的なものである。

(3) コンピュータが起動すると最初に動くのは（① ）で，目的の作業を行うソフトウェアを（② ）という。

> ア 基本ソフトウェア　　イ ハードウェア　　　ウ リモコン
> エ 入出力機能　　オ 記憶機能　　カ 応用ソフトウェア
> キ 演算／制御機能　　　ク ソフトウェア　　ケ 出力機能
> コ 5　　サ 入力機能

2 アナログ情報・デジタル情報について，下の問いに答えなさい。

(1) 次の【 】の正しいものを選びなさい。(各5点)

・情報のうち，連続的に変化するものを【①アナログ・デジタル】情報といい，一定の間隔で区切って表すものを【②アナログ・デジタル】情報という。

(2) 下の図を見て，当てはまるものをすべて答えなさい。(各5点)

(1)の①の方式によるものはどれか。　　（① 　　　）

(1)の②の方式によるものはどれか。　　（② 　　　）

A　　　　　　B　　　　　　C　　　　　　D

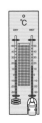 

くわしく

●情報技術の実現例
・多様な文字入力
・イラスト描画
・動画／アニメーションの編集や作成
・写真の複写や加工
・web ページの制作
・web ページの閲覧

ポイント

制御機能は，ほかの４つの機能（入力・出力・記憶・演算）に対して指示を出す役割。

演算機能は，**制御装置**の指示と**記憶装置**に記憶されているデータをもとに演算を行う役割。

7 情報とコンピュータの仕組み

1 コンピュータについて，次の（　）に当てはまる言葉を答えなさい。

（各10点）

（1）世界的な規模での情報通信ネットワークを（① 　　　　　　　　　）といい，建物内など狭い範囲でのネットワークを（② 　　　　　　　　　）という。

（2）情報をやりとりするためのサービスを提供するコンピュータを（① 　　　　　　　　）という。その際にネットワーク間を中継する装置は（② 　　　　　　　　）と呼ぶ。

（3）それぞれの情報機器を識別するために（　　　　　　　　　　）と呼ばれる番号が割り振られている。

2 情報のデジタル化について，次の（　）に当てはまる言葉を答えなさい。（各5点）

（1）コンピュータではすべての情報を，（① 　　　　　　　　）の2種類の数字の組み合わせによる（② 　　　　　　　　　　　）に置き換えている。

（2）デジタル化されたデータ量の基本単位を（　　　　　　）と呼ぶ。

（3）データ量の単位をまとめた下の表の（　）を埋めなさい。

bit	データ量の最小単位
B（バイト）	1 B=（① 　　　　　）bit
KB（キロバイト）	1 KB=（② 　　　　　）B
MB（メガバイト）	1 MB=1,024KB
GB（ギガバイト）	1 GB=（③ 　　　　　）MB
TB（④ 　　　　　）	1 TB=1,024GB
PB（ペタバイト）	1 PB=1,024TB

3 プログラムの構造について，【　】の正しいものを選びなさい。

（各5点）

（1）プログラムとは，処理の方法や手順を【命令の形・規則の形】で記述したものをいう。

（2）プログラムは，BASIC言語，C言語などの【フォートラン言語・プログラム言語】で記述される。

（3）フローチャートで，[始め]→[仕事1]→[仕事2]→[終わり]となるのは，【順次・反復】処理である。

ポイント

無線 LAN

ケーブルなどを使わずに情報通信ができる技術。国際標準規格により，コンピュータ以外にプリンタ・デジタルカメラ・ゲーム機などさまざまな機器とつなげられるようになった。

技術・家庭

ポイント

●情報処理の手順

・順次処理
（順番に処理する）

・反復処理
（同じ処理を条件を満たすまでくり返す）

・分岐処理
（条件によって処理を選択する）

別冊解答 P.9

得点

／100点

28 情報の表現と伝達

1 タブレット端末について、次の操作の名称を下から選びなさい。

（各10点）

(1) 画面の2か所を指で押し、画面を挟む。　（　　　　　　　）
(2) 画面を1回押す。　（　　　　　　　）
(3) 画面を押したまま指をスライドさせる。　（　　　　　　　）
(4) 画面の2か所を指で押し、画面を広げる。（　　　　　　　）

> ・ピンチアウト　　・スワイプ　　・ピンチイン　　・タップ

2 情報の伝達について、次の（　）に当てはまる言葉を下から選び、記号で答えなさい。（各5点）

> http://www.obunsha.co.jp/index.html
> ①　　　②　　　③　　④⑤　　　⑥
> ⑦

① (　　)② (　　)③ (　　)④ (　　)
⑤ (　　)⑥ (　　)⑦ (　　)

> ア　プロトコル　　イ　国名　　ウ　サーバ名
> エ　ドメイン名　　オ　組織の種類　　カ　ファイル名
> キ　組織名

3 ウェブ（web）について、次の（　）に当てはまる言葉を下から選びなさい。（各5点）

(1) ウェブ（web）とは、URLの中の（①　　　　　　　）の部分を指し、クライアントと（②　　　　　　　）をつなぐものである。
(2) webページでは、文字やイラストなどの（①　　　　　　　）をネットワークを通して読み込み、情報の表示、広告、（②　　　　　　　）の購入などができる。
(3) ウェブサイトを使うと、不特定多数の人がいつでも情報を得られる一方、安全な情報通信を行うには（　　　　　　　）や認証システムが必要になる。

> ・商品　　・サーバ　　・暗号化　　・メディア　　・www

❾ 情報セキュリティと情報モラル

1 情報セキュリティについて，次の（ ）に当てはまる言葉を答えなさい。(各5点)

(1) さまざまなネットワークを安心・安全に使える状態にするための技術や対策を（　　　　　　　　　）という。

(2) ユーザIDと（①　　　　　　　　　）を利用してデータを保護するシステムを（②　　　　　　　　　）と呼ぶ。

(3) （①　　　　　　　　　）を導入することによって，外部との通信を一定の条件で制限するので，パスワードを無断使用してシステムに侵入する（②　　　　　　　　　）行為ができなくなる。

(4) コンピュータウイルスなどのマルウェアに感染しないためには，

（①　　　　　　　　　　　　　　　　　）

をインストールするとともに，問題のあるメールやwebページなどを（②　　　　　　　　　）によって制御して，有害情報を遮断する。

(5) 万一に備え，システムの二重化や（　　　　　　　　　）も必要である。

2 情報モラルについて，次の（ ）に当てはまる言葉を下から選びなさい。(各10点)

(1) 情報社会で技術を適正利用し，活動するための基となる考え方を

（①　　　　　　　　　）といい，知的財産権と

（②　　　　　　　　　）についての配慮が重要である。

(2) 知的財産権では，創作活動によって生まれた

（①　　　　　　　　　）を保護し，作品などが無断で使われないよう（②　　　　　　　　　）を保護する。

(3) 産業財産権には，新たな発明を保護する（①　　　　　　　　　），商品に使用するマークなどを保護する（②　　　　　　　　　），商品のデザインを守る意匠権などがある。

```
・知的財産    ・産業財産権    ・特許権
・著作権      ・情報モラル    ・商標権
```

ポイント

●情報セキュリティのまとめ
・認証システム
・ファイアウォール
・セキュリティ対策ソフトウェア
・フィルタリング
・暗号化
・バックアップ

ポイント

●情報モラルでの注意点
①大勢で撮った写真をインターネット上に載せる
⇒個人情報や肖像権の保護
②さまざまな情報を検索し入手する
⇒情報の信ぴょう性
③インターネットを介してさまざまな人とコミュニケーションをとる
⇒適切な表現を使う

技術・家庭

30 双方向性のあるコンテンツのプログラミングによる問題解決

1 双方向性のあるコンテンツについて，次の（ ）に当てはまる言葉を答えなさい。(各10点)

(1) デジタル化された文字や音声，静止画，（① ）などを組み合わせ，情報として表現したものを（② ）という。地図アプリやSNSなど，入力に対して（③ ）するコンテンツを（④ ）という。

(2) 双方向性のあるコンテンツには（① ）が必要で，さまざまなメディアを利用できるものの，動画や静止画が多いと，（② ）が増える。

ポイント

webページの機能や構成要素をとらえると，どのようなプログラムが使われているかがわかる。
・静止画のイラスト
・文字
・音声や動画

2 次のメディアのプラス面・マイナス面について，（ ）に当てはまる言葉を下から選びなさい。同じ言葉を使ってもよい。(各5点)

(1) 文字

プラス面	情報が正確に伝わりやすい
マイナス面	文字が読めないと（ ）

(2) 音声

プラス面	視覚障がい者にも内容が（① ）
マイナス面	聴くのに（② ）がかかる／聴覚障がい者には伝わらない

(3) 動画

プラス面	状況の（① ）が伝えられる
マイナス面	見るのに（② ）がかかる／視覚障がい者には伝わらない

・時間　　・伝わらない　　・変化　　・伝わりやすい

3 問題を解決するプログラミングについて，次の（ ）に当てはまる言葉を下から選びなさい。(各5点)

(1) 災害から自分や家族を守る→（① ）の作成→地図表示のプログラム作成→（② ）を示すプログラム作成

(2) 会議室の空き状況を調べる→会議室が空いていたら（ ）プログラム作成→予約一覧を表示するプログラム作成

・予約システム　　・防災マップ　　・避難ルート

ポイント

●プログラム制作での注意点
バグ（＝プログラムの不具合）が生じたら，デバッグ（＝バグ修正作業）をする。

計測・制御のプログラミングによる問題解決

別冊解答 P.10

得点　　／100点

1 計測・制御について，次の（　）に当てはまる言葉を下から選びなさい。（各10点）

(1) 計測は周囲の状況を（①　　　　　　　），制御は，目的に合うよう機器を（②　　　　　　　）をいう。

(2) センサで計測された情報は，（①　　　　　　　）でデジタル信号に変えられる。コンピュータはこの信号を判断，（②　　　　　　　）へ目的の動作を命令する。

(3) 一連の情報処理の流れを表した図を（　　　　　　　）という。

・動作させること	・アクチュエータ	・フローチャート
・計測すること	・センサ	・インタフェース

ポイント

●計測・制御システム

- **センサ**…周囲の状況を計測
- **コンピュータ**…状況判断・命令
- **アクチュエータ**…命令を受け動作を行う
- **インタフェース**…アナログ信号をデジタル信号に変換＆その逆も行う

2 計測・制御のプログラム作成手順について，次の（　）に当てはまる言葉を答えなさい。（各10点）

仕事の目的や条件の検討→情報処理の手順の（①　　　　　　　）→フローチャートの作成→（②　　　　　　　）の作成→プログラムの実行→プログラムの（③　　　　　　　）

ポイント

プログラムは，コンピュータが認識できる**プログラム言語**で書かれる。その際，プログラムは，一定のルールによる**フローチャート**に従って書かれる。

3 課題を解決するプログラムについて，答えなさい。（各10点）

センサ付きライトの点滅を下の図のようにフローチャートに表した。図の空欄を埋めなさい。

（①　　　　　）

（②　　　　　　　　　）

●ライトの点滅

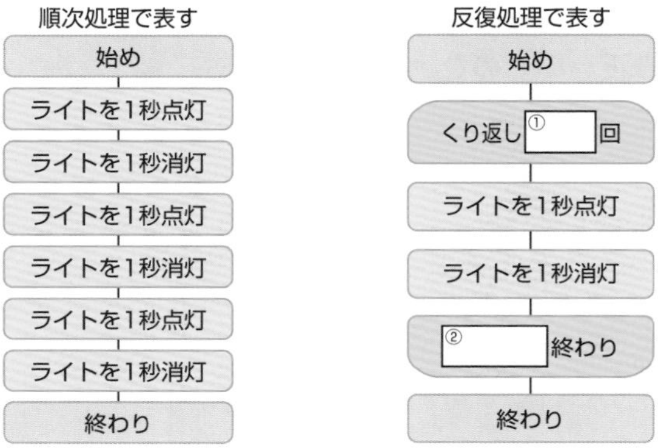
順次処理で表す
始め
ライトを1秒点灯
ライトを1秒消灯
ライトを1秒点灯
ライトを1秒消灯
ライトを1秒点灯
ライトを1秒消灯
終わり
反復処理で表す
始め
くり返し①　回
ライトを1秒点灯
ライトを1秒消灯
②　終わり
終わり

別冊解答 P.10

得点

／100点

32 社会の発展と情報の技術

1 情報の技術と社会について，次の（ ）に当てはまる言葉を下から選びなさい。

(1) 情報の技術の発展は，これまで多くの（① ）を支え，社会を（② ）させてきた。(各5点)

(2) スマートフォンやGPSなどの技術を実現する際にも，倫理や（ ）が考慮され，最適化が図られてきた。(10点)

(3) 情報の技術が発展する一方で，（ ）の事柄も生じている。(10点)

(4) 人間の要求をかなえるよう，最善の（ ）を目指して開発が進められている。(10点)

```
・問題解決    ・セキュリティ
・産業      ・想定外     ・変化
```

2 これからの情報の技術について，正しいものには〇，誤っているものには×を書きなさい。(各10点)

(1) AI（人工知能）は，自ら情報を判断・処理するが，人間の労働環境の改善にはつながらない。　　　　　　　　　（　　）

(2) AIが人間の代わりに判断すると，想定できなかった問題も起こる可能性がある。　　　　　　　　　　　　　　　（　　）

(3) 自動車の自動運転技術の利点は，人のミスによる交通事故やトラブルが減少することである。　　　　　　　　（　　）

(4) 自動車の自動運転技術の課題は，自動車保険の責任をAIが負うという点である。　　　　　　　　　　　　　（　　）

3 顔認証システムについて，次の【 】の正しいものを選びなさい。

(各5点)

(1) 顔認証システムでは，画像から顔を見つける【①顔検出・顔照合】と，同一人物かを判定する【②顔検出・顔照合】を行う。

(2) 情報収集は人工知能が【自ら・人とともに】行うことで，顔の経年変化などにも対応できる。

(3) 【動画・静止画】の際には，高速で複数の人を同時処理する必要があり，精度の向上が課題とされる。

ポイント

●情報の技術の最適化のための視点

・利用者の使いやすさ
・使用の安全性
・環境への負荷

くわしく

● SOCIETY5.0 を支える技術

・IoT…すべての「モノ」をインターネットにつないで制御する
・ビッグデータ…インターネットやセンサから得る膨大なデータ
・AI…人工知能

食事の役割／健康に良い食習慣

1 食生活について，次の（　）に当てはまる言葉を答えなさい。（各10点）

(1) 日頃（ひごろ）からの食事の仕方を（　　　　　　　）という。

(2) 健康を支える３要素は，適度な運動・十分な休養・
（　　　　　　　　　　　）である。

(3) 食事の役割について述べた次の文で，（　）に当てはまる言葉を答えなさい。
　　① 楽しみとなる
　　② （**A**　　　　　　）のリズムをつくる
　　③ （**B**　　　　　　）をつくり，活動のエネルギーになる
　　④ 文化を伝える
　　⑤ （**C**　　　　　　）の場となる

2 不適切な食生活について，次の（　）に当てはまる言葉を答えなさい。また，【　】の正しいものを選びなさい。

(1) 過剰（かじょう）に食べ物を摂取（せっしゅ）することを（①　　　　　　　）といい，食べ物に好き嫌（きら）いがあることを（②　　　　　　　）という。（各10点）

(2) 肥満の原因になるのは【①糖分や脂肪（しぼう）・塩分】のとりすぎで，高血圧のリスクを高めるのは【②糖分や脂肪・塩分】のとりすぎである。
（各5点）

(3) 早食いや不適切な食習慣を続けると，がん・心臓病などの
（　　　　　　　　　　　）になりやすくなる。（10点）

(4) 国民の健康増進などを目的に策定（さくてい）された，食生活改善に取り組むための目標を（　　　　　　　　　）という。（10点）

ポイント

●**朝食の役割**
・睡眠（すいみん）中に低下した体温を上昇（じょうしょう）させる
・午前中の活動に必要なエネルギーを補給する

朝食抜（ぬ）きの弊害（へいがい）
・活動力低下
・集中力低下
・栄養不足
・体調不良

●**生活習慣病**
不適切な食習慣や運動不足，睡眠不足などの生活習慣がもとになって発症（はっしょう）しやすい疾病（しっぺい）。
生活習慣病の例
・がん
・心臓病
・脳卒中
・糖尿病（とうにょう）

2 栄養素の種類と働き

1 下の表は食品に含まれる栄養素の種類と働きをまとめたものです。
表を見て，①～⑥に当てはまる言葉を答えなさい。(各5点)

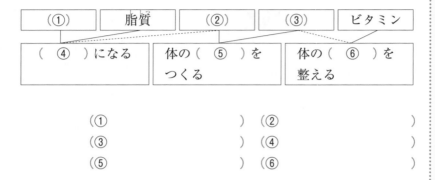

| （①） | 脂質 | （②） | （③） | ビタミン |

| （ ④ ）になる | 体の（ ⑤ ）を つくる | 体の（ ⑥ ）を 整える |

（①　　　　　　　　　） （②　　　　　　　　　）
（③　　　　　　　　　） （④　　　　　　　　　）
（⑤　　　　　　　　　） （⑥　　　　　　　　　）

2 栄養素について，次の（　）に当てはまる言葉を下から選びなさい。

(各10点)

(1) 食品を通して体内に吸収される，生きていくために必要なものを
（　　　　　　　　　）という。

(2) 主として血液をつくるもとになる栄養素は（①　　　　　　　　　）である。
また，動物性食品に多く含まれるが，体内でつくることができない
ものは（②　　　　　　　　　）である。

(3) 骨や歯をつくるのはカルシウムなどの無機質だが，骨や歯を丈夫に
するのは（　　　　　　　　　）である。

(4) 炭水化物には糖質と（①　　　　　　　　　）がある。糖質であるでんぷ
んや砂糖は，消化管でおもに（②　　　　　　　　　）に分解され，エネ
ルギー源となる。①はエネルギー源とならないが，腸の調子を整え
て便通をよくする。

(5) （　　　　　　　　　）は栄養素ではないが，体の成分の70％近くを占め
ている。

・炭水化物	・食物繊維	・脂質
・たんぱく質	・水	・ぶどう糖
・ビタミンD	・ビタミンB₁，B₂	・エネルギー
・必須アミノ酸	・栄養素	・鉄

ポイント

●栄養素の種類

・たんぱく質

・無機質
（カルシウム・リン・鉄）

・ビタミン
（ビタミン A・B₁・B₂・C・
D）

・炭水化物
（糖質・食物繊維）

・脂質

●体の成分

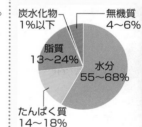

炭水化物
1%以下

無機質
4～6%

脂質
13～24%

水分
55～68%

たんぱく質
14～18%

ポイント

●水の役割

・吸収された栄養素の運搬

・老廃物の運搬／排出

・体温の調節

献立（こんだて）と食品の選び方

別冊解答 P.10

得点　　／100点

1 **献立について，次の（　）に当てはまる言葉を答えなさい。**（各10点）

(1) 食事づくりの計画を（①　　　　）といい，その構成は，主菜・炭水化物の供給源となる（②　　　　）・（③　　　　）・汁物（しるもの）で考えると栄養バランスが整いやすい。

(2) 献立の中で，たんぱく質や脂質の供給源となるものは（①　　　　），ビタミン・無機質・（②　　　　）の供給源となるのが副菜である。

2 **食品の選び方について，次の問いに答えなさい。**

(1) 次の（　）に当てはまる言葉を下から選び，記号で答えなさい。（各5点）

・生鮮（せいせん）食品が豊富にとれて味もよい時期を（①　　）という。
・生鮮食品に味付けしたり乾燥（かんそう）させたりしたものを（②　　）というが，販売（はんばい）されている食品すべてには（③　　）が義務付けられている。
・食品の生産地や加工・流通をたどれる（④　　）に基づく表示が義務付けられているものもある。
・食品表示で確認（かくにん）するのは，保存料や酸化防止剤（ざい）などの（⑤　　）の有無，衛生的で安全に食べられる期限の（⑥　　），おいしさなど品質が保証される期限の（⑦　　）である。
・小麦・そば・落花生など（⑧　　）を引き起こす原因物質の表示や，大豆・とうもろこし・ばれいしょなど遺伝子組（く）み換（か）え技術を用いて作られた食品の表示も義務付けられている。

ア	食品表示	イ	食品添加物（てんかぶつ）	ウ	賞味期限
エ	トレーサビリティ制度	オ	消費期限		
カ	旬（しゅん）（出盛（でさか）り期）	キ	加工食品	ク	食物アレルギー

(2) 日本農林規格を満たす食品に付けられるマークは，下の図のA・Bどちらか。（10点）

（　　）

A

B

ポイント

献立作りの手順例

1　**主菜**を決める
2　**主食**を決める
3　**副菜**を決める
4　**汁物**を決める
5　デザートの有無

くわしく

食品表示法

従来，食品に関する規定は食品衛生法・JAS法・健康増進法に定められていた。
↓
食品表示法施行（しこう）（2015年）で統合された。

ポイント

●加工食品の表示義務
・原材料名
・食品添加物
・栄養成分
・消費期限／賞味期限
・食物アレルギーの原因となる食品
・遺伝子組み換え食品

技術・家庭

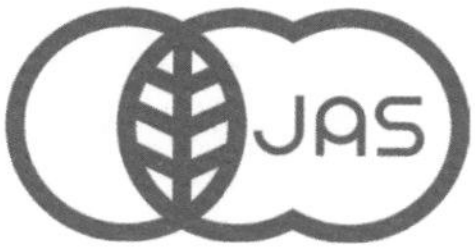

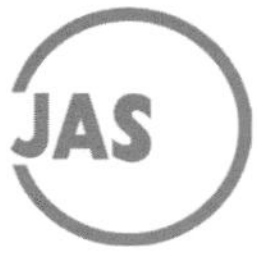

4 さまざまな食品とその保存

1 食品とその保存について，次の（　）に当てはまる言葉を答えなさい。

(各5点)

(1) 食品は，その種類によってそのまま（①　　　　　　　）で保存する
ものと，冷蔵庫・（②　　　　　　　）で保存するものがある。

(2) 冷蔵庫で保存しても，食品の（　　　　　　）は低下し，腐敗は止
められない。

(3) 家庭で1回に使う分量を薄くまとめるなどして冷凍保存する方法を
（　　　　　　　　）という。

2 次の食品は冷蔵庫のどの部分に保存するのが適切か。下から選び，
記号で答えなさい。(各5点)

① 肉・魚　　　　　　　　　　　　　　　　　（　　）
② 果物・野菜・飲料　　　　　　　　　　　　（　　）
③ 牛乳・卵・ヨーグルト　　　　　　　　　　（　　）
④ アイスクリーム　　　　　　　　　　　　　（　　）

ア　冷蔵室　　イ　冷凍室　　ウ　チルド室　　エ　野菜室

3 食品の保存について，次の（　）に当てはまる言葉を答えなさい。また，
【　】の正しいものを選びなさい。(各10点)

(1) 食品の保存の仕方によっては，細菌やウイルスが付着し，
（　　　　　　）を起こすことがある。

(2) ほとんどの菌は【①10℃・−15℃】以下で活動を停止し，食品中心
部を【②75℃・60℃】で1分間以上加熱すると死滅する。

(3) さばやいかの刺し身は（①　　　　　　）に，毒きのこや芽が出た
じゃがいもは（②　　　　　　）に，おにぎりやサンドイッチなど
手指が触れる可能性があるものは（③　　　　　　　）に汚
染されやすいので扱いには注意が必要である。

別冊解答 P.11

得点

／100点

日常食の調理①

1 調理について，次の（　）に当てはまる言葉を答えなさい。

(1) 調理計画ではまず何をつくるか（①　　　　　　　）を決め，購入の際は無駄なく食品が使えるように（②　　　　　　　）を考えて量を決める。(各5点)

(2) また地域でとれる食品や，（　　　　　　　）の食品を利用できないか検討する。(10点)

(3) かたい食品をやわらかくしてあくを抜くには（①　　　　　　　）のが適切であるように，食品による最適な（②　　　　　　　）を考える。
(各10点)

2 肉・魚の調理について，次の（　）に当てはまる言葉を下から選び，記号で答えなさい。(各5点)

(1) 調理によく使われる肉は（①　　）・牛肉・とり肉だが，肉には加熱すると（②　　）性質がある。

(2) カレーを作るにはぶた肉のロースより（　　）が適している。

(3) 肉をやわらかくするには，たたく・長時間加熱するほかに，しょうがや（　　）などやわらかくする働きのある食品につける方法がある。

(4) 魚には白身魚と（①　　）があり，どちらも調理の前に食塩水につけると（②　　）が消せる。

ア　臭み	イ　パインアップル	ウ　赤身魚
エ　ぶた肉	オ　ばら	カ　もも
キ　かたくなる	ク　やわらかくなる	ケ　塩気

3 野菜の調理について，次の（　）に当てはまる言葉を答えなさい。
(各10点)

(1) 青菜の緑色の色素は熱に（　　　　　　　）ので，短時間でゆでる。

(2) ごぼうの褐変を防ぐには，切ってすぐに（　　　　　　　）につける。

(3) 環境のことを考えて，買い物，調理，後かたづけの工夫をすることを（　　　　　　　）という。

ポイント

●調理法のいろいろ
・焼く
・いためる
・ゆでる
・煮る
・蒸す

くわしく

●魚の旬
春（さわら・にしん）
夏（あゆ・かつお）
秋（さんま・さけ）
冬（たら・ぶり）

ポイント

●野菜・いもの種類
・**果菜類**
　なす・ブロッコリー
・**葉菜類**
　ほうれんそう・キャベツ
・**茎菜類**
　たまねぎ・たけのこ
・**根菜類**
　じゃがいも・にんじん

別冊解答 P.11

得点

／100点

6 日常食の調理②

1 調理の際の注意点について，次の（　）に当てはまる言葉を答えなさい。（各10点）

(1) 生の肉・魚・卵は使う直前に（①　　　　　）から出し，触ったら必ず（②　　　　　）を洗う。肉・魚に使った菜箸・まな板・（③　　　　　）などの調理具はそのまま野菜に使わない。

(2) ガスコンロの周りには（①　　　　　）ものを置かない。また点火を確認し，（②　　　　　）にも注意する。

2 調理について，次の（　）に当てはまる言葉を答えなさい。

(1) 計量スプーンは，液体なら小さじは5ml，大さじは（　　）mlである。（5点）

(2) 調味料を入れる順は「さしすせそ」といわれるが，「せ」は（　　　　　）を指す。（5点）

(3) 下の図の切り方のうち，Aは玉ねぎやレモンなどを切るのに適した（　　　　　）である。（10点）

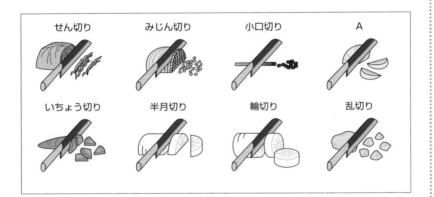

せん切り　　みじん切り　　小口切り　　A

いちょう切り　　半月切り　　輪切り　　乱切り

(4) 盛り付けでは，汁物は，椀の7～8分目くらいまでよそい，あえ物は器に（①　　　　　）に盛る。焼き魚は頭を（②　　　　　）に，腹を手前に盛り付ける。（各10点）

(5) 配膳では，左側にご飯，右側に（　　　　　），手前に箸を置き，主菜・副菜は奥に置く。（10点）

地域の食文化

1 地域の食文化について，次の（　）に当てはまる言葉を答えなさい。

(各5点)

(1) 地域で生産された食材をその地域で消費することを
（①　　　　　　　　）といい，消費者が（②　　　　　　　　）を確かめる
ことができ，新鮮な（③　　　　　　　）を入手できるメリットがある。

(2) 昔から限られた地域のみで栽培されてきた野菜を（　　　　　　　）
という。

(3) その土地ならではの食材や，伝統的に受け継がれてきた料理を
（　　　　　　　）という。

2 行事食について，次の問いに答えなさい。

(1) 次の文章の（　）に当てはまる言葉を書きなさい。(10点)
ひな祭りや大晦日など毎年の行事で食べる特別な食事を
（　　　　　　　）といい，それぞれの地域や季節の食材が取り入れ
られている。

(2) (1)について，次の行事のときに食べるものは何か。下から選び，
記号で答えなさい。(各10点)

① 端午の節句には（　　）・ちまきを食べる。

② 土用の丑の日には（　　）を食べる。

③ 正月には（　　）や雑煮が食される。

④ 1月7日に（　　）を食べて無病息災を祈る。

⑤ 冬至に（　　）を食べる習わしがある。

ア　ぼたもち	イ　ゆず	ウ　ちらしずし	
エ　かしわもち	オ　うなぎ料理	カ　牛肉料理	
キ　かぼちゃ	コ　おせち料理	サ　七草がゆ	

(3) 次の料理はどこの地域の伝統的な料理として知られているか，都道
府県名で答えなさい。(各5点)

① いも煮　　　　　　　　　　　　　　　（　　　　　　　）

② ます寿し　　　　　　　　　　　　　　（　　　　　　　）

③ からしれんこん　　　　　　　　　　　（　　　　　　　）

ポイント

●地域の食材例
・利尻昆布（北海道）
・れんこん（茨城県）
・野沢菜（長野県）
・下仁田ねぎ（群馬県）
・京野菜（京都府）
・泉州水なす（大阪府）
・明石だこ（兵庫県）
・宍道湖しじみ（島根県）
・なると金時（徳島県）
・モーウイ（沖縄県）

技術・家庭

くわしく
和食の評価
和食はユネスコ無形文化
遺産に登録されている。
(2013年12月)
四季の食材やだし汁を使っ
た料理が和食の特徴であ
る。

8 衣服の活用

1 衣服の活用について，次の（　）に当てはまる言葉を下から選びなさい。(各4点)

(1) 衣服には，季節に応じた寒暖の（①　　　　　）や，けがの防止や，体を（②　　　　　）に保つなどの働きがある。

(2) 職業や所属集団を表したり，敬意やお祝いの（①　　　　　）を表現するために（②　　　　　）に沿った服装をする。

(3) つまり，衣服には健康を守り，生活や活動をしやすくする（　　　　　）上の働きがある。

> ・社会生活　　・清潔　　・慣習
> ・調節　　　・気持ち　　・文化

2 衣服の活用について，次の（　）に当てはまる言葉を答えなさい。また，【　】の正しいものを選びなさい。

(1) 衣服の着方として，（①　　　　　）に応じたふさわしさが大切であるが，①は日本語では（②　　　　　）・（③　　　　　）・（④　　　　　）という意味である。
2つ以上の衣服を組み合わせることを【⑤コーディネート・ファッションセンス】という。目的に合わせて衣服を着用するために，必要な衣服の種類と枚数を考え，それをもとに手持ちの衣服を点検する【⑥購買計画・衣服計画】が必要になる。

(各5点)

(2) 衣服の色や形によって（①　　　　　　　）が変わるとともに，色の組み合わせや，柄の（②　　　　）・大小によっても雰囲気が変わる。(各5点)

(3) 色の組み合わせには同系色の組み合わせと（　　　　　）の組み合わせがあることも参考にする。(10点)

(4) 体に合うサイズの服を選ぶには，体の各部位を（　　　　　）しておく必要がある。(10点)

(5) 自分に似合う色は，暖色系と寒色系の色を円状に並べた（①　　　　　）を参考にして，さまざまな色の紙や（②　　　　　）を顔に当てて調べてみるとよい。(各10点)

▶ 別冊解答 P.12

得点

／100点

衣服の手入れ・洗濯

1 衣服の手入れについて，次の（　）に当てはまる言葉を答えなさい。また，【　】の正しいものを選びなさい。

(1) 衣服の手入れでは，繊維の種類によって，適した（①　　　　　　）やアイロンの（②　　　　　　　）などが異なる。(各10点)

(2) 衣服が汚れたら，なるべく早くブラシかけや（①　　　　　　），洗濯をするが，繊維の種類によっては手洗いや（②　　　　　　　　　）が適している。(各10点)

(3) 水を吸収しやすいのが【①**植物・動物**】繊維で，虫の害を受けやすく，中性洗剤が適しているのが【②**植物・動物**】繊維である。(各5点)

2 衣服の洗濯について，次の問いに答えなさい。

(1) 下の図の表示は何を表しているか，（　）に当てはまる言葉を答えなさい。(各6点)

 （①　　　　　）はできない	 液温（②　　）℃を限度に（③　　　　　）での洗濯可	 （④　　）℃を限度に（⑤　　　　　）できる

(2) 洗濯の仕方について，次の（　）に当てはまる言葉を下から選びなさい。(各5点)

・せっけんは天然油脂を原料とし，（①　　　　　　　）は天然油脂や石油を原料とする。

・必要に応じて，漂白剤や仕上げをやわらかくする（②　　　　　　）を用いる。

・繊維の性質によって干し方も，日干し，日にあてない（③　　　　　　　），ハンガーにかけるつり干し，セーターなど平らに干す（④　　　　　）がある。

・陰干し	・柔軟剤	・つまみ洗い
・平干し	・ねじり絞り	・合成洗剤

☞ **くわしく**

●**しみの種類と落とし方**

・しょうゆやコーヒー（水で落ちる）

・血液や紅茶（水で落ちる・色素が残れば漂白剤）

・チョコレートや襟あか（洗剤）

・カレーやミートソース（洗剤＋漂白剤）

ポイント

●**洗濯後の確認**

・**汚れ**は十分落ちたか

・**型崩れ**はしていないか

・**色落ち**はないか

⑩ 住まいの役割と機能

1 住まいの役割について，次の（　）に当てはまる言葉を下から選びなさい。(各5点)

住まいの役割は，厳しい自然環境やさまざまな（①　　　　　　）から私たちを守る，安らぎと（②　　　　　　）をもたらす，そして子どもが生まれ育ち，（③　　　　　　）が支え合う，ということとである。また，住まいは，下の表のようないくつかの空間から成り立っている。

住空間	機能
家族共有の空間	団らんや食事
生理・衛生の空間	（⑥　　　　　）
（④　　　　　）の空間	調理・洗濯
移動・収納の空間	廊下・押し入れ
（⑤　　　　　）の空間	睡眠・勉強・趣味・仕事

```
・浴室／トイレ     ・生命     ・家族
・家事作業     ・健康     ・個人生活
```

2 住まいの機能について，次の（　）に当てはまる言葉を答えなさい。

(各10点)

(1) 日本の住まいは季節や地域の（　　　　　　）に合わせて工夫されている。

(2) 北海道では，（①　　　　　　）にして暖房効果を高め，岐阜県などの合掌造りでは屋根に（②　　　　　　）をつけて，断熱性のある茅ぶきを使っている。

(3) 住まいの様式には，畳や障子を備え，寝具に布団を用いる
（①　　　　　　）の住まいと，ベッドやいすを用いる
（②　　　　　　）の住まいがある。

(4) (3)の2つを組み合わせたものを（①　　　　　　）といい，それぞれの（②　　　　　　）が工夫して取り込まれている。

別冊解答 P.12

得点

／100点

① 安全な住まい方

1 安全な住まい方について，次の（　）に当てはまる言葉を答えなさい。また，【　】の正しいものを選びなさい。(各10点)

(1) 転んだり，階段から落ちたりの（　　　　　　　）は，交通事故より多いといわれる。

(2) 0〜4歳児では，【①転倒・窒息】が圧倒的に多く，10〜14歳では【②溺死・転倒】が高齢者に次いで多い。

(3) 高齢者や障がいのある人が生活するうえでの障壁をなくすことを
（①　　　　　　　　）といい，段差をなくす，階段に
（②　　　　　　　　）をつけるなどがその例である。

(4) (3)の①のように，日常生活の安全や快適さにつながるデザインを
（　　　　　　　　　）という。

(5) 防虫剤や殺虫剤・塗料など，住まいが原因で起こる体調不良を
（　　　　　　　　　）という。

2 災害に備えた住まい方について，次の（　）に当てはまる言葉を下から選びなさい。(各5点)

(1) 自然災害の多い日本では，住まいにおける（　　　　　　　）や減災の意識が必要である。

(2) 家具や家電製品などは転倒しないように（①　　　　　　　），窓ガラスには（②　　　　　　　　）を貼る，非常用持ち出し袋などを（③　　　　　　　）なところに置いておくなどの対策をする。

(3) 災害時のために（　　　　　　　　　）食品も備えておきたい。

(4) 地震の二次被害として発生する（　　　　　　　）にも注意が必要である。

・身近	・飛散防止フィルム	・固定する
・防災	・通電火災	・長期保存できる
・玄関	・防音シート	・冷凍保存

ポイント

●家庭内事故の予防

・**ヒートショック**（急激な温度変化で血圧が変動し，心筋梗塞などを引き起こす）予防のために**浴室を温める**

・炊飯器やポットなどは幼児の**手の届かないところに置く**

・**段差をなくす**

・**手すりをつける**

ポイント

ローリングストック法
常に一定量の食品や生活用品を備蓄し，使った分をそのつど買い足していく方法。

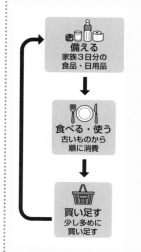

備える
家族3日分の
食品・日用品

食べる・使う
古いものから
順に消費

買い足す
少し多めに
買い足す

71

12 私たちの消費生活

1 消費生活について，次の（　）に当てはまる言葉を答えなさい。

(各10点)

(1) 私たちが日々購入する商品には，食料品や衣料品などの
（①　　　　　　　）と，通信・交通などの（②　　　　　　　）がある。

(2) 商品を買うことは売買（①　　　　　　　）にあたり，消費者の意思
と（②　　　　　　　）の意思が合意して成り立つ。
その際に，消費者には代金を支払う（③　　　　　　）と商品を受
け取る権利が発生する。

(3) 通信販売などのように店のないところで販売することを
（　　　　　　　）といい，この場合はメールがサーバに到着した時
点で契約が成立する。

2 収入と支出について，次の（　）に当てはまる言葉を下から選び，
記号で答えなさい。(各5点)

(1) 私たちの生活は家族が得た（①　　）を，さまざまな目的に
（②　　）して営まれている。

(2) 収支のバランスが取れた（①　　）を送るために計画的な（②　　）
が必要である。

(3) 金銭管理の方法としては，（①　　）の保管・管理,（②　　）帳の
記録，コンピュータによる管理などがある。

(4) レシートには店名・年月日・購入した商品名・（①　　）が記され
るので（②　　）の役目も果たしている。

| ア　支出　　イ　レシート　　ウ　金額 |
| エ　金銭の管理　　オ　収入　　カ　領収書 |
| キ　こづかい　　ク　消費生活 |

別冊解答 P.12

得点

／100点

❸ 責任ある消費者になるために

1 消費者被害について，次の（ ）に当てはまる言葉を下から選びなさい。(各10点)

(1) 無理に商品を購入させられるなど，消費生活で問題が生じることを
（　　　　　　　　　　　）という。

(2) 消費者をだましたり無理に商品を売りつけたりする（　　　　　）
も増えている。

(3) 消費者被害をまとめた下の表の①〜③に当てはまる言葉を答えなさい。

具体例	内容
悪質な訪問販売	（①　　　　　　　　）や職場を訪問し，無理に商品の購入などをさせる。
（②　　　　　　　）詐欺	販売業者などになりすまし，メールを送って個人情報を盗み出す。
当選商法	（③　　　　　　　　）が当たったと喜ばせ，手数料などを振り込ませる。

(4) 被害を防ぐためには，どのような消費者トラブルがあるかの
（①　　　　　　　　）を収集しておき，どんなときにも
（②　　　　　　　　）をむやみに知らせないことが重要である。

> ・家庭　　・情報　　　・消費者トラブル
> ・景品　　・フィッシング　　・悪質商法　　・個人情報

2 消費者の権利と責任について，次の（ ）に当てはまる言葉を答えなさい。(各10点)

(1) 国際消費者機構は，消費の判断や問題解決のために，安全を求める権利などを挙げた（　　　　　　　　　　）と，批判的意識をもつ責任などを挙げた5つの責任を提唱している。

(2) （　　　　　　　　　　　）は，消費者の権利の尊重と自立支援を基本理念にしている。

(3) 消費者の契約解除を一定期間内なら認める制度を
（　　　　　　　　　　　）という。

ポイント

●消費者トラブルの際の相談窓口
・消費者庁
・国民生活センター
・消費生活センター

くわしく

●クーリング・オフできない場合
・現金購入した3,000円未満の商品
・化粧品や健康食品などの消耗品で使用済みのもの（未使用分はクーリング・オフの対象）
・インターネットショッピングなど通信販売で購入したもの

別冊解答 P.13

⑭ 消費生活が社会に与える影響

得点 ／100点

1 消費と環境について，次の（ ）に当てはまる言葉を下から選びなさい。（各4点）

(1) （① ）によるエネルギーに支えられている私たちの生活は，（② ）の原因をつくっているといえる。

(2) 環境に与える（ ）を考え，消費者として環境に配慮する必要がある。

(3) 夏のエアコンの設定温度を（① ）℃にする，扇風機を併用する，冷蔵庫は（② ）はしない，などの対策ができる。

> ・無駄な開閉　　　・影響　　　　・化石燃料
> ・28　　　　　　　・20　　　　　・地球温暖化

ポイント

●省エネルギー効果の例
・夏のエアコン設定温度を
27℃→28℃
（年間約820円節約）
・テレビ視聴時間を1日1
時間減らす
（年間約450円節約）
・冷蔵庫の設定を強→中
（年間1,670円節約）

2 持続可能な社会について，次の（ ）に当てはまる言葉を答えなさい。（各10点）

(1) 私たち一人が1日に出すゴミの量は約（① ）kgといわれ，大量な消費・廃棄が（② ）に与える影響が問題になっている。

(2) 限りある資源を循環させながら利用し続ける（① ）が目指されている。そのために，下の図のようなリデュース・（② ）・リサイクルの（③ ）が提言されている。

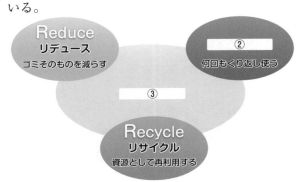

(3) 資源を循環させて次の世代も豊かな自然の恵みを受けられる（ ）の実現が望まれる。

(4) （① ）は社会や環境に配慮した倫理的な消費のことをいい，地産地消や被災地支援商品の購入，立場の弱い開発途上国の生産者の生活改善と自立を目指す貿易の仕組みである（② ）などが，その例である。

ポイント

●循環型社会を推進する
3R
・リデュース＝発生抑制
（必要な分だけ購入／過
剰包装なし／エコバッ
グ）
・リユース＝再使用
（使えるものはくり返し
使う／不用品交換）
・リサイクル＝再利用
（分別収集／リサイクル
製品利用）

フェアトレード＝直訳すると「公平・公正な貿易」。

別冊解答 P.13

得点

／100点

⑤ 私たちの成長と家族・地域

1 家族・家庭の機能について，次の（　）に当てはまる言葉を下から選びなさい。(各10点)

(1) 人は誕生から，乳児期・（①　　　　　　　）・児童期を経て，成人するまで，（②　　　　　　　）をはじめ多くの人々にかかわりながら成長を続ける。

(2) 家族・家庭には，衣食住など（①　　　　　　　）機能，子どもを育てる機能，安らぎを得るなど（②　　　　　　　）な機能，収入を得るなど経済的な機能などがある。

(3) また，さまざまな生活文化を（　　　　　　　）機能もあわせ持つ。

> ・精神的　　　・家族　　　・継承する
> ・幼児期　　　・生活を営む

2 家族・家庭の機能と自立について，次の（　）に当てはまる言葉を答えなさい。(各10点)

(1) 家族の生活を営むには（　　　　　　　）を得ることが欠かせない。

(2) 食事をつくる，掃除をするなどの（①　　　　　　　）にはさまざまなものがあるので，家族で（②　　　　　　　）して行いたい。

(3) 高齢者や病気の人を世話する（　　　　　　　）もまた家庭の仕事である。

(4) 自立するためには，自分が助けてもらうだけではなく，自分も周りの人を助けて（　　　　　　　）ことが大切になる。

ポイント

家族・家庭の機能

家族の形や生活の仕方はさまざまなので，**家族・家庭の機能**もすべての家族・家庭で同様ではない。
また同じ家族・家庭でも，それぞれの機能が果たされる時期はまちまちである。

技術・家庭

ポイント

●家庭の仕事の分担例（中学生）

・食器を並べる／片づける
・掃除をする
・買い物をする
・ごみを出す
・ペットや植物の世話をする
・食事をつくる
・洗濯をする

別冊解答 P.13

得点

／100

16 家庭生活と地域とのかかわり

1 家庭生活と地域とのかかわりについて，次の（　）に当てはまる言葉を下から選びなさい。(各5点)

(1) 地域には多くの家族や家庭がある。（①　　　　　）の人とかかわるということは，そうした家族や家庭の人々とかかわることであり，その中には幼児から（②　　　　　），いろいろな（③　　　　　）の人，障がいのある人，とさまざまな人がいる。

(2) 町内会や子ども会，祭りなどの伝統行事は（　　　　　）と支え合う活動である。

(3) ほかにも，毎朝の地域の人との（①　　　　　），ごみ集積場での（②　　　　　），地域の防災訓練などが挙げられる。

> ・挨拶 (あいさつ)　・国籍 (こくせき)　・地域　・高齢者 (こうれい)
> ・地域の人　　・分別活動

2 家庭生活と地域とのかかわりについて，次の（　）に当てはまる言葉を答えなさい。(各10点)

(1) 多様な人々と地域で生活をつくっていくことを（①　　　　　）といい，このような社会は地域の人々と協力し，（②　　　　　）していくことで成り立つ。

(2) 地域には年齢や立場，考え方なども異なる人々もいて，互 (たが) いを（①　　　　　）のに時間がかかることもあるが，日頃 (ひ ごろ) から挨拶や会話を交わすなど（②　　　　　）を心がけておくことが，共生の基盤 (き ばん) となる。

(3) 地域にはさまざまな（①　　　　　）が生活しており，現在の（②　　　　　）の中で，その数は増えている。

(4) 高齢者とのかかわりでは，中学生にもできる，立ち上がりの介助 (かいじょ) や（　　　　　）の介助，声掛けなどがある。

ポイント

●加齢による体の変化

・皮膚 (ひ ふ)：感覚が鈍くなる

・呼吸：肺活量が低下し息切れしやすい

・筋肉：足腰 (こし) が弱くなる

・泌尿器 (ひにょう)：トイレが近くなる

・目：視力が低下する

・骨：骨折しやすい

・耳：聞こえにくい

別冊解答 P.13

得点

／100点

7 幼児の生活と家族

1 幼児の心身の発達について，次の（ ）に当てはまる言葉を答えなさい。(各5点)

(1) 幼児の成長には，(① 　　　　　　)や(② 　　　　　　)があるので，それに気付き，幼児が自ら育とうとする力を支える
(③ 　　　　　　)の存在が必要である。

●成長過程の時期と期間

時期	期間
(④ 　　　　)期	生まれてから(⑦ 　)歳になるまで
(⑤ 　　　　)期	(⑦)歳から小学校入学まで
(⑥ 　　　　)期	小学校入学から卒業まで

(2) 幼児の身長は4歳で，生まれたときの約(① 　)倍となり，体重は，約(② 　)倍となる。

(3) 身長に対して頭が大きいので，幼児期には(① 　　　　　)しやすい。また，幼児は大人に比べて体温が高く，汗をかきやすいので十分な(② 　　　　)補給が必要となる。

(4) 幼児期には認知，情緒，社会性のほかに(① 　　　　　)が発達し，さらに(② 　　　　　)が芽生える。

(5) 欲求があっても場面に応じて自分の感情をコントロールする
(　　　　　)も身につく。

2 幼児の発達と大人の役割について，次の（ ）に当てはまる言葉を答えなさい。(各10点)

(1) 食事や睡眠，排せつなど，毎日くり返し行うことを
(① 　　　　　　)といい，幼児が身に付けるには，
(② 　　　　　　)の支えが不可欠である。

(2) 挨拶や言葉遣い，安全のルールなど社会的な約束などを
(　　　　　　　)といい，これも家族や周囲の大人の援助により幼児が身に付けることができる。

別冊解答 P.13

18 幼児とのかかわり

得点

／100

1 幼児とのかかわりについて，次の（　）に当てはまる言葉を答えなさい。また，【　】の正しいものを選びなさい。

（1）幼児に接するときは，【①目線・ひざ】の高さを合わせて，【②大きな声で・ゆっくりと】話す。(各5点)

（2）幼児の気持ちを大切にし，（　　　　　　　）気持ちで接する。(10点)

（3）不安そうな幼児には，仲良くしたいことを伝えて（　　　　　　）的にかかわる。(10点)

（4）幼児との触れ合いでは，手作りおもちゃで遊ぶ，（　　　　　　），手遊びや歌遊びなどが適している。(10点)

（5）幼児のおもちゃは，発達段階にふさわしい物の中から（　　　　　　　）で丈夫な物を選ぶ。(10点)

2 幼児の施設でのかかわりについて，下の問いに答えなさい。

（1）次の（　）に当てはまる言葉を下から選びなさい。(各5点)

・幼児の施設に出かける際には，爪を（①　　　　　　）切り，長い髪は（②　　　　　　）。ヘアピンや（③　　　　　　），腕時計などは外していく。

・風邪気味など体調が思わしくないメンバーがいるときは，（④　　　　　　）に問い合わせ，状況によっては訪問から抜ける。

・事前にどのような触れ合い方をしたいか（⑤　　　　　　）を立て，また，各自が自分なりの（⑥　　　　　）を決めておくとよい。

・計画	・施設側	・短く	・切る
・アクセサリー	・課題	・束ねる	

（2）次の（　）に当てはまる言葉を答えなさい。(各10点)

・幼児を自分の（①　　　　　　）の高さより上に持ち上げたり，振り回したりしない。

・激しい動きは控えて，（②　　　　　　）は出さない。

運動やスポーツの多様性

別冊解答 P.14

得点

／100点

1 運動とスポーツについて，次の（ ）に当てはまる言葉を答えなさい。

(各10点)

(1) 人は生存のための（　　　　　）から体を動かし，また，動かすこと自体に楽しみを見いだしてきた。

(2) スポーツの文化的な意義を高め，人々が生涯にわたりスポーツを楽しめるよう施策を推進するために，2011年に（　　　　　）が定められた。

(3) 自然と親しむ一般的な運動やスポーツには，海や川で泳ぐことや，（　　　　　）などがある。

(4) 現代において運動やスポーツは健やかな（　　　　　）を育成するために欠かせない。

生存のための活動とは
・獲物を追う
・農作業を行う
など食糧を得るためのもの

保健体育

2 運動やスポーツへの関わりについて，次の（ ）に当てはまる言葉を答えなさい。(各5点)

(1) スポーツには自ら参加することのほかに，競技場などで（①　　　　　）こと，新聞や（②　　　　　）などで調べて知ること，ボランティアなどで競技や大会を（③　　　　　）ことなど，さまざまな関わり方がある。

(2) オリンピックの歴史や記録について知りたいときは，書物や（　　　　　）で情報を調べることができる。

ポイント
●スポーツ観戦
・サッカー場や野球場での観戦
・競技場での試合などの観戦

3 運動やスポーツの楽しみ方について，次の（ ）に当てはまる言葉を答えなさい。また，【 】の正しいものを選びなさい。(各5点)

(1) 生涯にわたり，運動やスポーツを楽しむには，【自分・仲間】に適した運動・スポーツを見つけて，続ける工夫をする必要がある。

(2) そのためには，自ら（①　　　　　）に取り組むほかに，一緒に楽しめる仲間や，十分な時間・【②財源・空間】を確保することが大切である。

(3) 運動やスポーツの楽しみ方についてまとめた。

体力向上 （①　　　）維持	・以前の体力と比較する ・（②　　　　）の記録を目指す
競技に応じた力の養成	・フェアに競い，全力でプレイする ・勝敗より（③　　　　）をたたえ合う
仲間との（④　　　　） 感情表現	・違いを認め合う ・音楽やリズムに乗り，（⑤　　　　）で感情を表現する

2 運動やスポーツの効果・学び方・安全な行い方

1 運動やスポーツの効果について，次の（　）に当てはまる言葉を答えなさい。(各10点)

(1) 運動やスポーツを行うと，（①　　　　　　　）の発達，体力や運動技能の維持向上のほかに，（②　　　　　　　）の健康にも効果が見られる。

(2) スポーツを公正・公平・平等に行うことで，（①　　　　　　）を守る社会性が，また，相手を気遣うことで，（②　　　　　　）に気を配る社会性が養われる。

2 スポーツの学び方について，次の（　）に当てはまる言葉を答えなさい。また，【　】の正しいものを選びなさい。(各5点)

(1) 運動やスポーツの種目に応じた，合理的な体の動かし方を【①技術・技能】といい，それを練習によって身につけた状態を【②技術・技能】という。

(2) スポーツの試合では，個人やチームの技能に応じた（　　　　　　）を活用して，作戦を立てることが有効である。

3 スポーツの安全な行い方について，次の（　）に当てはまる言葉を下から選び，記号で答えなさい。(各5点)

(1) 運動やスポーツを安全に行うために，自分に適した運動やスポーツを選び，自らの発達の状況に応じた（①　　・②　　・③　　）に配慮することが必要である。

(2) 暑いときには，熱中症や脱水症状に気をつけて，こまめな（①　　・②　　）が必要である。

(3) 運動前には準備運動を，運動後には（　　）を行うことが大切である。

(4) 準備運動の効果には，（①　　）の確認のほか，体温の上昇，体の各部分の（②　　）の強化などがある。（③　　）など整理運動には，疲労した筋肉を鎮静化させる効果がある。

ア	整理運動	イ	野外活動	ウ	強度	エ	時間
オ	頻度	カ	速度	キ	健康状態		
ク	水分補給	ケ	体調管理	コ	睡眠	サ	柔軟性
シ	クーリングダウン	ス	体調				

ポイント

●スポーツの技術例
・陸上競技でのクラウチングスタート
・球技でのパスやシュートの方法など

3 (1)必要以上の負荷をかけないこと。

スポーツを安全に行う：自分のみならずチーム全体にも気を配ることが必要である。

文化としてのスポーツの意義

別冊解答 P.14

得点

／100点

1 スポーツの文化的意義について，次の（　）に当てはまる言葉を答えなさい。(各10点)

(1) スポーツは体力や社会性の向上など心身を養うほかにも，地域社会の（①　　　　　）など豊かな交流をもたらす。また，自分の可能性に気づいて（②　　　　　）を獲得（かくとく）するなど自己開発の機会ともなる。

(2) 被災地（ひさいち）では，（　　　　　）が，復興へと人心を向かわせる間接的なきっかけの１つとなったといわれる。

2 国際的なスポーツ大会の役割について，次の（　）に当てはまる言葉を答えなさい。また，【　】の正しいものを選びなさい。(各10点)

(1) 国際的なスポーツ大会は，選手の卓越（たくえつ）した技能やチームプレイなどからスポーツの（①　　　　　）的な意義や（②　　　　　）的な価値を人々に伝える。

(2) 特に，14〜18歳（さい）を出場対象とする【シニア・ジュニア】オリンピックでは，競技のほかに文化・教育プログラムが用意されている。

(3) 国際的なスポーツ大会の様子は，テレビやインターネットなどの（　　　　　）を通して世界中に伝えられる。

3 人々を結び付けるスポーツについて，次の（　）に当てはまる言葉を下から選び，記号で答えなさい。(各10点)

(1) スポーツには，（　　）・人種や性別，年齢（ねんれい），障がいの有無などの違（ちが）いを超えて人々を結び付ける力がある。

(2) 実際，国の代表からなる（　　）チームには，出身国がさまざまな選手が集まっている。

(3) 男女同数の参加が求められるスポーツや，障がいの有無による差を解消する（　　）などにより，さらに多くの人がスポーツで結び付くことになる。

ア	用具の工夫	イ	コーチや審判（しんばん）	ウ	協調性
エ	ナショナル	オ	オリンピック	カ	民族や国
キ	言語	ク	企業支援（きぎょうしえん）		

ポイント
スポーツのもたらす豊かな交流
・地域社会での交流
・国際間での交流

保健体育

スポーツ大会が伝えるもの
・選手の技能
・チームプレイ
・選手たちの**フェアプレイ**
・スポーツ上の**マナー**

3 (3)**オリンピック・パラリンピック**の意義がいっそう深まる。

別冊解答 P.14

得点 ／100点

4 体つくり運動①

1 体つくり運動について，次の（　）に当てはまる言葉を答えなさい。また，【　】の正しいものを選びなさい。(各10点)

(1) 体つくり運動には，体をほぐすものと，体力を（①　　　　　　）ものがある。体をほぐす運動では，精神的な（②　　　　　　）を解消し，（③　　　　　　）の緊張をほぐす。

(2) 体の柔軟性を高める【①ストレッチング・エアロビクス】や，持久力を高める【②ストレッチング・エアロビクス】は，体力を高める運動に分類される。(各5点)

(3) 運動前に体の柔軟性を高めておけば，運動中の（①　　　　　　）を防げるとともに，状況に応じた動作が可能になり，（②　　　　　　）も減らすことができる。体の下肢にある【③腱板・アキレス腱】のケアは特に大切である。(各10点)

(4) シグナルランニングなどは，体内に酸素を取り込んで（①　　　　　　）機能を高める（②　　　　　　）運動である。

(各5点)

2 体つくり運動について，次の（　）に当てはまる言葉を下から選びなさい。(各5点)

・体力には，体調を維持して（①　　　　　　）に生活するためのものと，（②　　　　　　）を行うためのものがある。適切な体力を保持するためには，（③　　　　　　）を見直すことも必要である。

・運動で使いきれないほどのエネルギーを食事からとると，（④　　　　　　）のリスクが高まるからである。

> ・運動やスポーツ　・食生活　・健康
> ・体の発達　　　　・運動技能　・肥満

別冊解答 P.14

得点

／100点

1 体つくり運動について，次の（　）に当てはまる言葉を答えなさい。また，【　】の正しいものを選びなさい。

(1) 運動やスポーツを行うための体力は，体の柔らかさ・巧みさ・（①　　　　　　　　　）・（②　　　　　　　　　）から成り立つ。　(各10点)

(2) 体の柔らかさを高めるには，静的・動的ストレッチングや，（　　　　　　　　　）がふさわしい。(10点)

(3) 巧みな動きを高めるには，タイミングや（①　　　　　　　　）が必要な，ドリブルや2人でのY字バランスなどがよく，力強い動きを高めるには，（②　　　　　　　　）や腹筋クロスタッチなどが向いている。　(各10点)

(4) 粘り強さとは，動きを持続する能力で，ランニング・【①水泳・バスケットボール】・【②50m走・縄跳び】などで養われる。　(各5点)

2 体つくり運動について，次の（　）に当てはまる言葉を答えなさい。

(各5点)

(1) 次の運動がもたらす効果として適切なものを，下からそれぞれ選び，記号で答えなさい。

① 長座体前屈　　　（　　）を高める
② 反復横跳び　　　（　　）を高める
③ 持久走　　　　　（　　）を高める
④ 立ち幅跳び　　　（　　）を高める
⑤ 50m走　　　　　（　　）を高める

ア　全身持久力	イ　柔軟性	ウ　敏しょう性
エ　瞬発力	オ　心肺機能	カ　ジャンプ力
キ　スピード	ク　筋パワー	

(2) 次の力を高める運動として適切なものを，下からそれぞれ選び，記号で答えなさい。

① 動きを持続する力を高める運動　　　　　　　（　　）
② 巧みな動きを高める運動　　　　　　　　　　（　　）
③ 瞬時の動作を高める運動　　　　　　　　　　（　　）

ア　ハンドボール投げ	イ　柔軟運動	ウ　ダッシュ
エ　けん垂	オ　動的ストレッチング	
カ　5分間以上続ける運動		

ポイント

●体力の高め方
①自分の体力を知る
②運動計画を立てる
③実践する
④定期的に計画を見直す

2 (1)③持久走のほか20mシャトルランでも高められる。

瞬時の動作（＝瞬発力）とは，瞬間的に発揮するバネの力。

6 陸上①

1 短距離走・長距離走について，次の（　）に当てはまる言葉を答えなさい。また，【　】の正しいものを選びなさい。

(1) 短距離とは通常100m・200m・（①　　　　　　　）mを指し，長距離は，（②　　　　　　　）m以上を指す。(各5点)

(2) 下の図は何というスタートか。また，短距離走と長距離走のどちらに向いているか，（　）に当てはまる言葉を答えなさい。(各5点)

（　　　　　　　）スタート
（　　　）距離走

(3) 短距離走での上の図のスタートには，両足の位置の違いによって（①　　）種類のフォームがある。長距離走でのスタートは（②　　　　　　　　　　　　）と呼ばれる。(各5点)

(4) 「位置について」のときには，短距離走では手をスタートラインの【①上につく・手前につく】が，長距離走では，【②前足・後ろ足】に体重をかける。(各10点)

(5) トラック種目で合図より先にスタートすることを（①　　　　　　　）という。やり直しとなるが，2回目以降は（①）した選手が（②　　　　　　　）となる。(各10点)

(6) 短距離走では，走者は（①　　　　　　　）レーンを，スタート→加速疾走→中間疾走→フィニッシュという順で走る。中間疾走では【②腰・肩】が落ちないように保つのがよい。(各10点)

(7) 短距離走では，体のどの部位がフィニッシュラインに達したらフィニッシュとなるか。下から選んで答えなさい。(10点)

（　　　　　　　）

・脚の一部　　・胴の一部　　・頭の一部

陸上②

別冊解答 P.15

得点

／100点

1 リレーについて，次の（　）に当てはまる言葉を答えなさい。また，【　】の正しいものを選びなさい。（各5点）

（1）リレーのバトンパスには上から渡す方法と（①　　　　　　　）方法があるが，どちらも渡す人はスピードを【② 落とす・落とさない】。

（2）上から渡すときは，次走者は広げた手を（　　　　　　　　）で固定する。

（3）下の図のバトンパスができる範囲を（①　　　　　　　　　　）といい，このエリアは2018年に（②　　　）メートルに変更された。

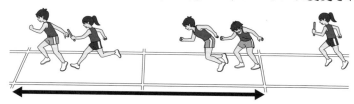

（4）バトンパスの前に，次走者が走り始めてもよい線を（　　　　　　　　　）という。

（5）リレーの走者は通常（　　　）名である。

2 ハードル走について，次の問いに答えなさい。（各5点）

（1）次の（　）に当てはまる値や言葉を答えなさい。

・ハードル走では，女子が100m，男子が（①　　　）mだが，どちらもハードルは（②　　　）台置かれる。

・ハードルとハードルの間の距離は，女子が（③　　　）m，男子が9.14mだが，これを（④　　　　　　　）と呼ぶ。

・ハードルを跳ぶときの姿勢は（⑤　　　　　　　）で，一連のハードルを跳ぶ動きを（⑥　　　　　　　）という。

・ハードル間は一般的に（⑦　　　）歩で走る。

（2）ハードル走で次のことをした場合，失格となる場合には×，失格とならない場合には○を（　）に書きなさい。（各10点）

①足があたってハードルを倒す	（　　）
②ハードルを越える時，足（脚）がハードルからはみ出て，ハードルより低い位置を通る	（　　）
③人のレーンのハードルを跳ぶ	（　　）

■☞ くわしく

●リレーのパスの種類

・オーバーハンドパス
・アンダーハンドパス

1 (4)全員が等距離でなく，2名ずつ距離に長短がある種目や，後の走者ほど走る距離が長くなる種目もある。

ポイント

2 (2)わざとでなければ，ハードルを倒しても失格にはならない。

8 陸上③

得点

／100点

1 走り幅跳びについて，次の問いに答えなさい。

(1) 図1・図2のような跳び方を何というか。(各10点)

図1

空中で胸を反らせる。

（①　　　　　　　　　）

図2

踏み切り脚を空中で後ろから前方に出し，両脚を前に伸ばして着地する。

（②　　　　　　　　　）

(2) 下の図を見て，走り幅跳びの有効試技に○，無効試技に×をつけなさい。(各5点)

①（　　　）　　②（　　　）　　③（　　　）　　④（　　　）

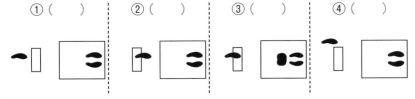

2 走り高跳びについて，次の問いに答えなさい。

(1) 次の（　）に当てはまる言葉を答えなさい。(各10点)

・走り高跳びで同じ高さに挑戦できるのは，（①　　　　　　）回。

・助走は踏み切りに向けて余裕がもてるスピードで，

（②　　　　　　　　　　　）にテンポよく行う。

・体の側面をバーに向け，あおむけで跳び越す跳び方は

（③　　　　　　　　　　　）という。空中でバーをまたぐようにして

跳ぶ跳び方は，（④　　　　　　　　　　　）という。

(2) 次の（　）に当てはまる言葉を下から選んで答えなさい。(各5点)

・走り高跳びでは，ある高さを跳ばずにパスして，次の高さを試技

することが（①　　　　　　　）。高く跳んだ者から

（②　　　　　　　　　）が決まるが，（③　　　　　　　）になった場合は試技の回数で決まる。跳躍中にバーを落としたり，一定

（④　　　　　　　　　）内に試技をしなかったりすると無効試技となる。

| ・時間 | ・同記録 | ・できる | ・できない |
| ・無効試技 | ・順位 | ・試技の回数 | |

ポイント

踏み切りは「上に高く跳ぶ」と意識してしっかりと踏み切る。慣れてきたら「前に高く跳ぶ」ことを意識するとよい。

1 (2)踏み切りでは，足が踏み切りラインを越えたり踏み切り板の外側から踏み切ったりすると無効試技となる。

くわしく
●走り高跳びの無効試技
・バーを落とす
・**踏み切り**を**両足**で行う
・バーを越える前に，バーより先の着地場に触れる

くわしく
●走り高跳び順位の決め方
最高の高さを跳んだ順
⇒同じ高さなら試技回数の少ないほうが上位
⇒無効試技の少ないほうが上位

器械運動

1 マット運動と跳び箱について，次の（ ）に当てはまる言葉を答えなさい。(各10点)

(1) マット運動には回転系と（① 　　　　　 ）系があり，跳び箱には
（② 　　　　　 ）系と回転系とがある。

(2) 腕を伸ばし，肩幅に広げた両手を地面について脚を上へ上げる運動
は，（ 　　　　　 ）という。

2 次の図①～④のマット運動について，技の正式名を下から選び，記
号で答えなさい。(各10点)

①

②

③

④

① 前転したのち，マットに足がつく直前に脚を開いて立ち上がる。
（ 　 ）

② 後転に入り，一気に体を上方に伸ばしながら，ひじを伸ばして
倒立する。　　　　　　　　　　　　　　　　　　　（ 　 ）

③ ひざを伸ばしたまま後転し，脚を閉じて立ち上がる。
（ 　 ）

④ ひざを伸ばした状態で前転し，脚を閉じて立ち上がる。
（ 　 ）

ア 後転倒立	イ 伸膝後転	ウ 開脚前転
エ 伸膝前転	オ 開脚後転	カ 倒立前転

3 跳び箱について，次の（ ）に当てはまる言葉を答えなさい。(各10点)

(1) 斜め開脚跳びでは，手を（① 　　　　　 ）に着手し，足の高さは
着手した手よりも（② 　　　　　 ）する。

(2) 台上前転では，腰の位置を（ 　　　　　 ）するのがコツである。

ポイント

●主なマット運動
・前転
・後転
・開脚前転
・開脚後転
・伸膝前転
・伸膝後転
・倒立
・倒立前転

●主な跳び箱の技
・開脚跳び
・抱え込み跳び
・台上前転
・首はね跳び
・前方倒立回転跳び

別冊解答 P.15

⑩ 水泳

得点

／100点

1 水泳について，次の（ ）に当てはまる言葉を答えなさい。また，【 】
の正しいものを選びなさい。（各5点）

(1) 足裏を使ってカエル足でキックする泳法は（①　　　　　　）で，
うつぶせでバタ足をしながら腕を大きく回す泳法は
（②　　　　　　）である。

(2) バタフライでは，（①　　　　　　）キックを用いて泳ぐが，この
ときのターンとゴールタッチは【②両手・片手】で同時に行う。

(3) クロールのときには，壁の手前で半回転して壁を蹴って折り返す
（①　　　　　　　　　　）を行う。これにフリップキックを入れ
た形を（②　　　　　　　　　）という。

(4) 壁にすばやくタッチして回転するのは，（①　　　　　　　　　　）
といい，その後の潜水は（②　　）メートル以内と決められている。

(5) （　　　　　　　　　　）は，背泳ぎから平泳ぎに移る際に行われる。

(6) 背泳ぎでは，足の【① 裏・甲】でキックする。腕の動きとしては，
【②小指・親指】から入水し，太ももまでかく。

(7) スタートの合図よりも先にとび出すことを
（　　　　　　　　　　）という。

2 個人メドレーの泳法の順番について，（ ）に当てはまる言葉を下
から選びなさい。（各10点）
（　　　　　）→（　　　　　　）→（　　　　　　）→
（　　　　　）の順である。

・平泳ぎ　　・自由形　　・バタフライ　　・背泳ぎ

ポイント

●ターンの種類
・タッチターン
・クイックターン
・バケットターン

●4名でのメドレーリレー
泳法順
1　背泳ぎ
2　平泳ぎ
3　バタフライ
4　自由形

1 バスケットボール

1 バスケットボールについて，次の問いに答えなさい。

(1) 次の（　）に当てはまる言葉を答えなさい。(各5点)
・バスケットボールは1チーム（①　　）人で行い，ハーフタイム（中学生）は（②　　）分とする。

(2) 下の図ア〜ウのパスの名称を答えなさい。(各10点)

ア（　　　　　　　　　　） イ（　　　　　　　　　　）
ウ（　　　　　　　　　　）

(3) バスケットボールの技術について，次の（　）に当てはまる言葉を答えなさい。(各10点)
・ゴールに向かって走りこんでパスを受け，シュートする攻撃法は，（①　　　　　　　　　　）といい，相手チームがまだ防御隊形を戻さないうちに攻撃する方法は，（②　　　　　　　　　）という。
・片方の足を軸にして体を回転させることは（③　　　　　　　）といい，攻撃の基礎技術の1つである。

(4) 次のバスケットボール用語について，当てはまる言葉を下から選び，記号で答えなさい。(各10点)
① ジャンプ動作をしながらセットするシュート（　　）
② 防御する相手を決めて守る方法（　　）
③ ボールを持って3歩以上歩くこと（　　）

ア　トラベリング	イ　ジャンプシュート
ウ　リバウンド	エ　ランニングシュート
オ　フリースロー	カ　マンツーマンディフェンス
キ　ゾーンディフェンス	

12 サッカー

1 サッカーについて，次の問いに答えなさい。

(1) 下の図を見て，ア〜エの名称を答えなさい。(各5点)

　　　　　ア（　　　　　　　　）　イ（　　　　　　　　　）
　　　　　ウ（　　　　　　　　）　エ（　　　　　　　　　）

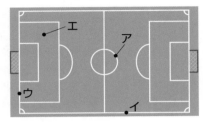

(2) 次のキックの名称について，当てはまる言葉を下から選び，記号で答えなさい。(各5点)

　① 足の内側で蹴るキック　　　　　　　　　　　　　（　　）
　② 足の甲で強く蹴るキック　　　　　　　　　　　　（　　）
　③ 足の外側で斜め前などに蹴るキック　　　　　　　（　　）
　④ 空中のボールを直接蹴るキック　　　　　　　　　（　　）

ア　ボレーキック	イ　インサイドキック
ウ　インステップキック	エ　アウトサイドキック

(3) 次の（　）に当てはまる言葉を答えなさい。また，【　】の正しいものを選びなさい。(①〜③各10点，④〜⑨各5点)

・サッカーは，（①　　　　）人制のゲームで，そのうち1人は
　（②　　　　　　　　　　　）である。発祥の地イングランドでは，
　このスポーツを（③　　　　　　　　　　）と呼ぶ。
・（④　　　　　　　　　　　）は4年おきに開催される世界的なサッカーの大会である。
・先回りして攻撃を不当に有利にするのは
　（⑤　　　　　　　　　　　）といい，相手チームに【⑥ 直接・間接】
　フリーキックの権利が与えられる。
・手や体を使って相手を押す行為をすると，【⑦直接・間接】フリーキックの権利が，ゴールキーパーが6秒以上ボールをキープすると，相手チームに【⑧直接・間接】フリーキックの権利が与えられる。
・プレーヤーの交代人数は大会によって決められるが，日本代表など各国のA代表チームの競技会では（⑨　　）人まで認められる。

ポイント
●キックの種類
・インステップキック
・インサイドキック
・アウトサイドキック
・トーキック
・ヒールキック
・ボレーキック　など
●ドリブルの種類
・インサイドドリブル
・アウトサイドドリブル
・ロコモティブ
・ダブルタッチ　など

ポイント
●再開のキックの種類
・直接フリーキック
・間接フリーキック
・コーナーキック
・ゴールキック

③ バレーボール

別冊解答 P.16

得点　　　／100点

1 バレーボールについて，次の問いに答えなさい。

(1) 次の（　）に当てはまる言葉を答えなさい。(各10点)

・バレーボールの試合では，（①　　）人が1チームとなり，3セットマッチならば，（②　　）セットを先取したチームが勝者となる。

・スコアが24対24の場合，（③　　）点先取したチームがセット取得となる。

(2) 次のプレイの名称について，当てはまる言葉を下から選びなさい。
(各5点)

①プレイ開始で，サービスゾーンから相手コートにボールを入れること　　　　　　　　　　　　　　（　　　　　　　）

②スパイクしやすいボールを上げること　（　　　　　　　）

③両手を上げてジャンプして相手チームからのボールをネット上で止めること　　　　　　　　　　　（　　　　　　　）

④レシーブ→トス→アタックと続けて攻撃すること
（　　　　　　　）

| ・ブロック　　・三段攻撃　　・サービス　　・トス |
| ・アタック　　・タッチネット　　・フォールト |

(3) 下の図を見て，ア〜ウの名称を答えなさい。(各10点)

ア（　　　　　　　）　イ（　　　　　　　）
ウ（　　　　　　　）

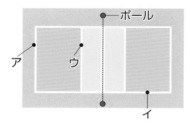

(4) 短く速くトスされたボールを素早く相手コートに打ち込むスパイクを（　　　　　　　　　）という。(5点)

(5) サービス権がきたら，時計回りでプレーヤーが移動することを
（　　　　　　　　　）という。(5点)

(6) バレーボールのパスには，目線より高い位置に来たボールをつなぐために出す（①　　　　　　　　　），腰より低めのボールをレシーブする（②　　　　　　　　　）がある。　(各5点)

くわしく

・**ラリーポイント制**…サービス権の有無にかかわらず点数が入る。1999年に国際ルールに採用。

・**サイドアウト制**…サービス権のあるチームがラリーに勝つと点数が入り，サービス権がないチームがラリーに勝つとサービス権を得る。

ポイント

③ たとえば1セット先取が25ポイントの場合に24対24で得点が並ぶことを，「デュース」と呼ぶ。

ポイント

●パスの種類
・アンダーハンドパス
・オーバーハンドパス

ポイント

●バレーボールの反則
・ダブルコンタクト
・フォアヒット
・タッチネット
・オーバーネット
・フットフォールト　など

保健体育

別冊解答 P.16

14 柔道

得点
／100点

1 柔道について，次の（　）に当てはまる言葉を下から選びなさい。

(1) 柔道の基本姿勢には，自護体と（　　　　　　　）がある。（10点）

(2) 少ない衝撃で安全に倒れるやり方を（　　　　　　　）という。

（10点）

(3) 投げ技には，右（左）足で相手の右（左）ひざ裏を刈る
（①　　　　　　　），右（左）足を相手の右（左）足前に当てて投げる
（②　　　　　　　）がある。（各5点）

(4) 固め技には，右（左）手で相手の襟のうしろを握る（①　　　　　　　），
横から胸で抑える（②　　　　　　　）がある。（各5点）

(5) 自分の体を倒しながら，相手を巻き込んで倒す技を（①　　　　　　）
といい，その1つである（②　　　　　　）は，相手の腹部に足裏を
当てて蹴り上げ，頭越しに投げる。（各5点）

・自然体	・捨て身	・受け身	・大外刈り
・体落とし	・本けさ固め	・横四方固め	
・巴投げ	・背負い投げ	・出足払い	

2 柔道の判定について，次の問いに答えなさい。（各10点）

(1) 次の（　）に当てはまる言葉を答えなさい。

・相手にかぶさるなどして逃げられないようにする技を
（①　　　　　　　）といい，抑え込む時間によってポイントが発生
する。

・技の時間によるポイントは下の表のようになる。

時間	ポイント
相手を10秒以上20秒未満抑え込む	（②　　　　　）
相手を20秒間抑え込む	（③　　　　　）

(2) 「技あり」を（　　　）回取ると，「一本」と判定される。

(3) 投げ技に入る前に相手の体勢を不安定にさせることを，
（　　　　　　　　）という。

くわしく

●柔道の主な技
・手技
・腰技
・足技
・捨て身技
・抑え込み技

ポイント

抑え込み技で下の人が両足で相手の足（または脚）を挟んだら「解けた」となって，効力が失われた判定となる。

⑤剣道 (けんどう)

別冊解答 P.16

得点
　　／100点

1 剣道について，次の（　）に当てはまる言葉を答えなさい。(各10点)

(1) 竹刀の，手で握る部分を（①　　　　　　　），剣の先端を
（②　　　　　　　），①と剣の間の，手を保護する役目の部分を
（③　　　　　　　）という。

(2)「一足一刀の間合い」とは，一歩踏み込めば相手に竹刀が届き，一歩下がれば相手の竹刀を外せる距離をいい，互いの剣先が
（　　　　　　　　　　）状態。

(3) 竹刀の剣先が相手の喉の高さにくるような構えを
（　　　　　　　　　　）という。

2 剣道の技について，次の問いに答えなさい。

(1) 次の（　）に当てはまる言葉を下から選んで答えなさい。(各5点)
　①　大きく踏み込んで相手の正面を打つ技
　②　右足を踏み込んで相手の右小手を打つ技
　③　右足を踏み込むとともに相手の右胴を打つ技
　④　竹刀を払い上げて打つ技

①（　　　　　）　②（　　　　　）
③（　　　　　）　④（　　　　　）

・胴打ち　　・小手打ち　　・正面打ち　　・払い技

(2) 3本勝負では，（①　　）本先取したものが勝ちだが，延長戦では，
（②　　）本先取したものが勝ち。(各5点)

(3) 相手の攻撃に応じて仕掛ける技を（　　　　　　）といい，相手の力を利用して攻撃できる技である。(10点)

(4) 基本的な足さばきで，後ろ足が前足を追い越さないように移動することを（　　　　　　）という。(10点)

くわしく
●竹刀のつくり
・四つ割りの竹に竹刀弦(つる)をつける
・柄(つか)と剣先を鹿皮(しかがわ)で包む
・柄につばをはめる

くわしく
・しかけ技…相手が動く前に隙(すき)をついて攻撃すること
・応じ技…相手の打突(だとつ)の力を利用して打ち込むこと

払い技はしかけ技の1つ。

保健体育

16 ダンス

1 ダンスについて，次の（　）に当てはまる言葉を答えなさい。また，【　】の正しいものを選びなさい。

(1) フォークダンスは音楽に合わせて特徴的な
（①　　　　　　　　　　　）や組み方で踊るもので
（②　　　　　　　　　　　）とも呼ばれる。(各5点)

(2) 正統的なバレエは（①　　　　　　　　　　　）をはくが，自由な表現を重んじるモダンダンスは（②　　　　　　　　　　　）で踊ることが多い。

(各5点)

(3) 創作ダンスで，人を空中に持ち上げることを【① アップ・リフト】，全員が同じ動きをすることを【② カノン・ユニゾン】，同じ動きを少しずつずらして行うのを【③ カノン・ユニゾン】という。(各5点)

(4) フォークダンスで反時計回りに動くことを【① LOD・逆LOD】，時計回りに動くことを【② LOD・逆LOD】と呼ぶ。(各5点)

(5) フォークダンス「マイムマイム」は，（①　　　　　　　　　　　）発祥のダンスで，（②　　　　　　　　　）のフォーメーションで踊られる。(各10点)

(6) フォークダンス「オクラホマミクサー」は（①　　　　　　　　　　　）生まれのダンスで，男女が右手どうしを肩の高さで，左手どうしを腰の高さでつなぐ（②　　　　　　　　　　　）ポジションで踊られる。(各10点)

(7) 下の図のうち，(6) ②でいう「オクラホマミクサー」のポジションはどれか，記号で答えなさい。(10点)　　　　　　　　（　　）

ア　　　　　　　イ　　　　　　　ウ

(8) 右の図のように，男女が同じ向きに並び，右手どうし，左手どうしを交差させてつなぐポジションを
（　　　　　　　　　　　　）という。(5点)

📖 くわしく

1 (2)バレエ：18世紀に西ヨーロッパで発祥した，歌やせりふを伴わない舞台舞踊。

(4) LOD＝ライン　オブ　ダンスの略

ポイント
●フォーメーションの種類
・シングルサークル
・ダブルサークル
・トリプルサークル
・スクエア　など

別冊解答 P.17

7 体の発育・発達

得点

／100点

---

1 体の発育・発達について、次の（　）に当てはまる言葉を答えなさい。

(各7点)

(1) 体を構成する器官などが急速に発育・発達する発育急進期は、乳児期と（　　　　　　）の２度ある。

(2) 胸腺などのリンパ器官は、中学生の頃には大人の（①　　　　　）倍ほどになり、脳などの神経器官は４歳頃までに大人の（②　　　　　）％に達する。

(3) 下の図で、Aの曲線が表す骨や筋肉、心臓などの発育・発達の仕方を（①　　　　　）型、Bの曲線が表す子宮や精巣などの発育・発達の仕方を（②　　　　　）型と呼ぶ。

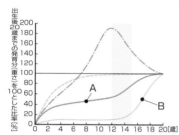

2 呼吸器・循環器の発育・発達について、次の（　）に当てはまる言葉を答えなさい。また、【　】の正しいものを選びなさい。(各5点)

(1) 心臓や血管などの器官を【①呼吸器・循環器】といい、鼻や喉、肺などの器官を【②呼吸器・循環器】という。

(2) 気管の先にある（①　　　　　　）では、毛細血管との間で二酸化炭素と（②　　　　　　）の交換が行われる。

(3) 呼気と吸気を比べると、酸素が多く含まれるのが（①　　　　　　）で、二酸化炭素が多いのが（②　　　　　　）である。

(4) 循環器が発育・発達すると、心拍数が【①減少・増大】したり、拍出量が【②減少・増大】したりする。

(5) 骨に含まれるカルシウムなどの量は（①　　　　　　）といい、思春期には急激に増加し、（②　　　　　　）歳代にピークに達する。

(6) 発育急進期にある（①　　　　　　）に適度な（②　　　　　　）を継続的に行うことで、呼吸器・循環器の発育・発達がいっそう（③　　　　　　）する。

ポイント

●体の各器官の発達型

それぞれの曲線が表す発達型と体の主な器官を覚えよう。

①**リンパ型**…胸腺・扁桃・リンパ節

②**神経型**…脳・脊髄

③**一般型**…骨・筋肉・内臓

④**生殖腺型**…精巣・卵巣・子宮

保健体育

ポイント

肺胞は小さい**袋状**で、**毛細血管**に取り巻かれている。

ポイント

運動習慣と心拍数

・運動不足の人→運動時、心拍数が急激に上がる

・運動習慣のある人→運動時、心拍数は徐々に上がる

別冊解答 P.17

18 生殖機能の成熟／異性の尊重と性情報への対処

せいしょく

得点

／100点

1 生殖機能の成熟について，次の（　）に当てはまる言葉を答えなさい。また，【　】の正しいものを選びなさい。

(1) 思春期には，脳の（①　　　　　　）から，（②　　　　　　　　　）ホルモンが分泌され，その働きにより，女子は卵巣，男子は精巣という（③　　　　　　　）が発育・発達する。（各10点）

(2) （①　　　　　　　　　）から分泌されるホルモンは，（②　　　　　　　　）によって体全体を巡り，卵巣・精巣をはじめ，特定の器官に作用する。（各5点）

(3) 男子の精巣でつくられる【①精子・精液】は，粘液と混じり【②精子・精液】となって体外へ放出される。その現象を（③　　　　　　　）という。（各5点）

(4) 女子の卵巣で成熟する（①　　　　　　）が，ほぼ28日に1回卵巣から出ることを（②　　　　　　　）といい，これが受精しない場合は子宮内膜の一部がはがれて体外に出される。これを（③　　　　　　）といい，初めての（③）を（④　　　　　　　　）という。

（各5点）

2 異性の尊重と性情報への対処について，次の（　）に当てはまる言葉を下から選びなさい。（各5点）

(1) 思春期には，生殖機能の成熟に伴い，性的な関心や「相手の体に触れたい」という（　　　　　　　）が起こるが，自分の気持ちや行動をコントロールすることが必要である。

(2) 誤った（①　　　　　　　）に惑わされないためには，情報に対し（②　　　　　　　）な見方をし，行動によって起こる危険を予測し，安易に（③　　　　　　　）に乗らないことが必要である。相手に触れることだけが愛情の表現ではないこと，人の（④　　　　　）を悪用する人もいることを知る。

・性的欲求　　・批判的　　・性情報　　・誘い　　・性衝動

ポイント
下垂体から分泌される**ホルモン**が作用する主な器官（内分泌腺）
・副甲状腺
・甲状腺
・胸腺
・副腎
・膵臓
・**卵巣**
・**精巣**

ポイント
1 (4)①**卵子**と**精子**が結合して**受精卵**となり，子宮の内膜に**着床**すると**妊娠**が成立する。

ポイント
性情報の主な入手先（中学生）
・友人・先輩
・授業
・マンガ
・インターネット

⓭ 心の発達

別冊解答 P.17

得点

／100点

1 心の発達について，次の（　）に当てはまる言葉を答えなさい。

(各10点)

(1) 大脳の前方，（　　　　　　　　）では，思考・判断・推理などの働きが行われる。

(2) 心の働きには，知的機能，（①　　　　　　　），他の人々に対する（②　　　　　　　）などがあるが，経験や学習を重ねることで，心の働きも複雑に広がる。

(3) 心の働きのうち，理解や記憶，言葉の使用などの力を（　　　　　　）という。

(4) 喜びや悲しみなどの（①　　　　　　　）と，目的のために行動しようとする（②　　　　　　）を合わせて情意機能と呼ぶ。

2 社会性の発達と自立について，次の（　）に当てはまる言葉を答えなさい。また，【　】の正しいものを選びなさい。(各5点)

(1) 社会生活で必要な態度や考え方，行動の仕方などを（　　　　　　）という。

(2) (1)は【①人と接する・自分で考える】機会が増すことで発達する。発達すると，【②友人をつくりたい・自分で決めたい】という自立心が強まる。

3 自己形成について，次の（　）に当てはまる言葉を下から選びなさい。

(各5点)

(1) 思春期には，心の発達と同時に，（　　　　　　）についての理解が深まる。

(2) 自分なりの考え方や（①　　　　　　）などを形づくることを（②　　　　　　）といい，これによって人生での（③　　　　　　）や生き方を考えられるようになる。

(3) 自己形成が進むと，自分の感情に沿った表現ができるようになり，また，状況に応じて考えられ，現実的な（　　　　　　）が可能になる。

> ・行動の仕方　　・自己形成
> ・自分や他人　　・問題解決　　・目標

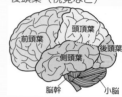
保健体育

20 ストレスによる健康への影響

別冊解答 P.18

得点 ／100点

1 心と体の関わりについて，次の（ ）に当てはまる言葉を答えなさい。
（各10点）

(1) 意思に関係なく体の働きを調節する神経を（　　　　　）という。

(2) 不安や緊張などの感情は，(1)や（　　　　　）器官の働きに影響を与える。

(3) 心の状態が体調を変えたり，体調で気分が変わったりと，心と体が互いに影響し合うことを（　　　　　）という。

2 欲求と心の健康について，次の（ ）に当てはまる言葉を下から選びなさい。（各8点）

(1) 何かを「したい」「したくない」などの気持ちを（①　　　　　）といい，(①)には，「食べたい」「眠りたい」などの（②　　　　　）と，人間関係や自分自身についての欲求である（③　　　　　）がある。

(2) 欲求が実現しないと起こる不安や怒りなどの（①　　　　　）は，心身の健康に影響するので，自分の欲求を（②　　　　　）し，心の健康を保つことが大切である。

> ・生理的欲求　　・心理的社会的欲求
> ・分析　　　　・欲求　　　・不快な感情

3 ストレスへの対処法について，次の（ ）に当てはまる言葉を答えなさい。（各5点）

(1) 環境からの刺激により，心身に負担がかかった状態を（　　　　　）という。

(2) (1)の状態が長く続くと感情の起伏や活動の能率低下，
（①　　　　　）などを起こすので，運動や
（②　　　　　）など，自分に合った対処方法を選ぶことが大切である。

(3) ストレスの感じ方には（①　　　　　）があるが，生活していく中でストレスを感じるのは（②　　　　　）なことである。適度なストレスによってやる気や（③　　　　　）が高まることもある。

---

1 (2)(3)**影響し合う心身**

感情→**自律神経**→体

（例）緊張しているとき

・だ液…だ液が減り，口が乾く

・心臓…心拍数が上がり，脈拍が速くなる

・胃や腸…活動が一時的に止まる

ポイント

●**欲求を分析する手順**

・本当に必要な欲求か

・欲求の優先順位は

・実現方法は適切か

・実現に向け努力できるか

・人に相談できるか

① 健康の成り立ちと疾病の発生要因

別冊解答 P.18

得点

／100点

1 健康の成り立ちについて，次の（　）に当てはまる言葉を答えなさい。

(各10点)

(1) 健康とは，心身の状態が（① 　　　　　　）に保たれ，楽しく，
（② 　　　　　　）生活が送れる状態をいう。

(2) 健康が成立するには，主体と，それを取り巻く（　　　　　　）を
良好に保つことが必要である。

(3) 日本人の平均寿命は年々伸びているが，寝たきりなど日常生活が制
限されずに送れる期間を（　　　　　　）という。

2 疾病とその発生要因について，次の（　）に当てはまる言葉を下か
ら選びなさい。(各5点)

(1) 疾病とは，（　　　　　　）が阻害された状態をいう。

(2) 疾病は，（① 　　　　　　）の要因と，（①）を取り巻く
（② 　　　　　　）の要因が相互に関わり合って発生する。

(3) 主体の要因としては，年齢や性などの（① 　　　　　　）と運動や
喫煙などの（② 　　　　　　）がある。

(4) 環境の要因についてまとめた，下記の表の（　）に適した言葉を答
えなさい。

要因となる環境	例
物理的環境	温度・湿度・（① 　　　　　）
化学的環境	（② 　　　　　　　　）などの有害化学物質
生物学的環境	（③ 　　　　　）・細菌
（④ 　　　　）環境	家族・人間関係・経済状態

(5) （　　　　　　　　）などを燃やすと発生する有害化学物質は
毒性が強いので，ごみ焼却所などでは排出量が規制されている。

(6) 有害物質などが持続的に排出されると（　　　　　　）となり，それ
によって疾病が発生する。

(7) 社会的環境の中で（　　　　　　）の不足なども疾病を引き起こす原
因となる。

・社会的	・主体	・ウイルス
・ダイオキシン	・健康	・環境
・気圧	・免疫	・素因　　・生活習慣
・プラスチック	・公害	・医療機関

ポイント

平均寿命

その年に生まれた人が，平
均して何歳まで生きるかを
計算した値。

ポイント

●主体の要因

・年齢・性・遺伝・免疫な
ど生まれつきの要因

・食事・運動・睡眠などの
行動や生活習慣による要
因

ポイント

●物理的環境の例

・温度

・湿度

・気圧

・紫外線

・放射線

・騒音

保健体育

22 食生活と健康

別冊解答 P.18

得点

／100点

1 食生活と健康について，次の（ ）に当てはまる言葉を答えなさい。

(各10点)

(1) 朝食が必要なのは，起床時には（① 　　　　　）が不足しているので，（② 　　　　　）を上げて各器官の働きを促し，午前中の活動に必要な（③ 　　　　　）を補うためである。

(2) 昼食や夕食にも失ったエネルギーを補給し，（① 　　　　　）を回復させる役目があるため，毎日適切な時間に食事をすることが（② 　　　　　）を保持増進するために必要である。

ポイント

食事と血糖値の関係
脳のエネルギー源は**ぶどう糖**。血液中の**ぶどう糖**量が**血糖値**なので，朝食抜きだと血糖値は次の食事まで上がらない。

2 栄養バランスと健康について，次の（ ）に当てはまる言葉を答えなさい。また，【 】の正しいものを選びなさい。

(各5点)

(1) 安静にしていても生命維持のために必要なエネルギー量を（ 　　　　　）という。

(2) 必要なエネルギーがとれないと【①疲労や痩せ・肥満】の原因となり，必要以上のエネルギーをとると，【②疲労や痩せ・肥満】の原因となる。

ポイント

中学生（12〜14歳）に必要な1日のエネルギー量
・男子＝普通2,600〜活発な運動を行う2,900 kcal
・女子＝普通2,400〜活発な運動を行う2,700 kcal

3 体に必要な栄養素について，次の（ ）に当てはまる言葉を下から選びなさい。(各5点)

(1) 体に必要な栄養素には，主に体の組織をつくる（① 　　　　　）やカルシウム，体の調子を整える（② 　　　　　）や無機質，エネルギーとなる炭水化物や（③ 　　　　　）がある。

(2) たんぱく質の不足は，（① 　　　　　）や体力の低下，ビタミンや無機質の不足は，（② 　　　　　）や視力の低下，皮膚炎などを引き起こす。

(3) 栄養素にはそれぞれ異なる働きがあるので，いろいろな（① 　　　　　）を（② 　　　　　）よくとることが必要である。

| ・たんぱく質 | ・ビタミン | ・食品 | ・貧血 |
| ・バランス | ・抵抗力 | ・脂質 | |

運動・休養

1 運動と健康について，次の問いに答えなさい。

(1) 次の（　）に当てはまる言葉を下から選び，記号で答えなさい。

(各5点)

・運動をすると，体の各器官の発育・発達を促すほか，（①　　　）
を養い，（②　　　）も図れる。

・運動の効果は，心臓には（③　　　），肺には（④　　　），筋肉には
（⑤　　　），骨には骨量増加などをもたらす。

ア　筋力強化	イ　拍出量増加	ウ　気分転換
エ　肺活量増加	オ　体力	

(2) 次の（　）に当てはまる言葉を答えなさい。(各10点)

・日常生活が便利になった現代，意識的に運動に取り組まないと，
（①　　　　　　　　）になる。生涯の健康を保持増進するには，適度
な（②　　　　　　　　）を身につけることが必要である。

2 休養・睡眠について，次の（　）に当てはまる言葉を答えなさい。また，
【　】の正しいものを選びなさい。(各5点)

(1) 疲労には体の疲れ・だるさなどの【①**身体的疲労・精神的疲労**】と，
考え事や緊張状態で起こる【②**身体的疲労・精神的疲労**】がある。

(2) 疲労の現れ方について，次の表の（　）に当てはまる言葉を答えな
さい。

疲労の種類	疲労の症状
だるさ	（①　　　　　　）・腰痛・足腕のだるさ
眠気	（②　　　　　　）・やる気消失・横になりたい
目の不具合	物が（③　　　　　　）・目がしょぼつく
不快感	めまい・ぼんやりする
気分の不調	不安・（④　　　　　　）する・憂鬱

(3) 心身の疲労回復に最も効果的なのは（①　　　　　　　）だが，入浴や
軽めの（②　　　　　　　）で血行を促すなど，適切に（③　　　　　　　）
を取ることも必要である。

(4) コンピュータやゲーム機，携帯電話などの（①　　　　　　　）を長時
間同じ姿勢で見ることも疲労につながる。（②　　　　　　　　）続けない，
寝る前に使わないなど注意が必要である。

24 環境への適応①

別冊解答 P.19

得点
／100点

1 体の適応能力について，次の（　）に当てはまる言葉を下から選び
なさい。（各5点）

(1) 暑さや寒さなどの環境変化が起きても，（①　　　　　　）により
体内の状態が一定に保たれるが，この働きを（②　　　　　　）と
いい，その能力を（③　　　　　）という。

(2) 例えば，暑いときには（①　　　　　　）が出て蒸発することで，
体の（②　　　　　　）を逃がし，寒いときには，皮膚の血管が
（③　　　　　　）し，体内の熱を逃がさない。

| ・汗 | ・適応 | ・熱 |
| ・自律神経 | ・収縮 | ・適応能力 |

ポイント
自律神経が**体温調節**をする
のは，生命維持のためであ
る。

ポイント
1 (2)ほかに，筋肉が緊張
して鳥肌が立ったり，身震
いしたりする。

2 活動に適する環境について，次の（　）に当てはまる言葉を答えな
さい。

(1) 私たちは暑さや寒さを気温，湿度，気流の組み合わせという
（①　　　　　　）で感じ取るが，それには，生活や活動がしやす
い範囲，つまり（②　　　　　）がある。（各8点）

(2) 明るさにも物が見えやすく，目が（①　　　　　　）至適範囲があり，
薄暗いのも（②　　　　　　）のも目を疲れさせる。（各8点）

(3) 学習の至適範囲を表した下の図の（　）に当てはまる言葉を答えな
さい。（8点）　　　　　　　　　　　　　　　　　（　　　　　　）

学習の至適範囲

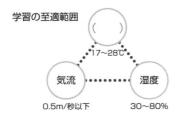

気流　　　　　湿度
0.5m/秒以下　30〜80%

(4) 場所にふさわしい明るさのことを（①　　　　　　）という。（各10点）
①による，学校の明るさの基準について下記の表を見て，（　）に
当てはまる数字を答えなさい。

明るさの基準	場所	
750ルクス	製図室	
（②　　　）ルクス	図書閲覧室・コンピュータ教室	
300ルクス	教室・体育館	
（③　　　）ルクス	階段	

くわしく
照度には**ルクス（lx）**とい
う単位が使われる。

2 (4)表は，施設使用中は
これらの値より下回らない
ように維持すべきとされて
いる値である。

別冊解答 P.19

得点

／100点

⑤ 環境への適応②

1 飲料水の管理について，次の（　）に当てはまる言葉を答えなさい。

（各5点）

（1）体内の水分は体重の（①　　　　　　　）以上を占め，体温や
（②　　　　　　　　）の調節，老廃物の排出，（③　　　　　　　）の運
搬などの働きをする。

（2）水は，（①　　　　　　　）のほかに，炊事・洗濯，（②　　　　　　　），
水洗トイレなどにも使われる。

（3）飲料水の確保のための工程は，河川や湖，ダムから取り入れる
（①　　　　　　　），浄水場での（②　　　　　　　），水質検査，給
水の順である。

（4）水質検査では，化学検査・（①　　　　　　　）検査によって，
（②　　　　　　　）を満たしているか確認される。

2 室内の空気の管理について，次の（　）に当てはまる言葉を答えな
さい。また，【　】の正しいものを選びなさい。（各5点）

（1）室内に人が多いと，【①一酸化炭素・二酸化炭素】濃度が上昇し，
頭痛や気分の悪化を招くので，定期的な（②　　　　　　　）が必要
である。

（2）室内で石油やガスなどの暖房器具や（①　　　　　　　）を使うときは，
【②一酸化炭素・二酸化炭素】が発生しやすいので十分な換気が必
要となる。

3 廃棄物の管理について，次の（　）に当てはまる言葉を下から選び
なさい。（各5点）

（1）日常的に出されるごみは適切に処理しないと，有害な物質を排出し
たり，（①　　　　　　　）が汚染されたりして健康に
（②　　　　　　　）を及ぼす。

（2）出されたごみは種類に応じて（①　　　　　　　）や埋め立てなどで
処理され，一部は再利用される。そのため（②　　　　　　　）が不
可欠である。また，埋め立て地の（③　　　　　　　）容量にも余裕
がないことから，資源活用の徹底を図る（④　　　　　　　）の実行
が（⑤　　　　　　　）社会のために欠かせない。

・悪影響	・分別回収	・焼却	・3R
・残余	・循環型	・自然環境	

ポイント

体の水分の出入り
摂取する水分と排出する水
分で，体内量が一定になる
よう保つ。

ポイント

●水質検査の種類
化学検査＝農薬や，かび臭
などの検査
生物検査＝大腸菌などの病
原生物による汚染の有無の
検査

くわしく

ダイオキシンの発生
プラスチックを焼却すると
発生する**ダイオキシン**は毒
性が強い化学物質。
ごみ処理施設では**ダイオキ
シン排出量**が規制されてい
る。

保健体育

26 傷害と交通事故

別冊解答 P.19

得点

／100点

---

1 傷害と交通事故について，次の（　）に当てはまる言葉を答えなさい。
また，【　】の正しいものを選びなさい。

(1) 傷害の起こる要因には，心や体の状態，行動の仕方などの
（①　　　　　　　　）と，施設設備や気象条件などの（②　　　　　　　　）
とがあるので，要因に応じた対策をとることで傷害を防ぐことができる。（各10点）

(2) 中学校でのケガの発生が最も多い時間帯は【体育的部活動・休憩】
の時間である。（5点）

(3) 次の（　）に当てはまる言葉を下から選びなさい。
交通事故の要因には，（①　　　　　　　）などの人的要因や，明る
さや（②　　　　　　）などの環境要因に加え，車両の欠陥などに
よる（③　　　　　　）がある。（各5点）

> ・車両要因　　・道路の状態　　・安全確認が不十分

(4) 中学生の交通事故で最多は，【自転車運転中・自動車同乗中】である。
（5点）

(5) 自動車には運転席から見えない部分，（①　　　　　　　　）があり，
運転席が右側にある車両では，真後ろや【②右側後方・左側後方】
が見えない。
自動車が曲がるとき，後輪は前輪より車輪が描く弧の
【③内側・外側】を通るので，左折するときに自転車や歩行者を
（④　　　　　　　）ことがある。（各5点）

(6) 運転手が危険を察知してブレーキを踏んでから，実際に自動車が停
止するまでの距離を（　　　　　　　）という。これは，ブレーキが
利くまでに車が進んでしまう空走距離と，ブレーキが利いて車が止
まるまでに進む制動距離が合算されたものである。（5点）

(7) 中学生の乗る自転車事故が多いのは，朝や夕方の（①　　　　　　　）
時間帯で，前方不注意や（②　　　　　　）などが主な原因である。
（各10点）

(8) 事故や災害，犯罪被害で心が傷を負い，その後体調不良などが続く
ことを（　　　　　　　　　　）という。（10点）

ポイント

下の要因が関わり合って起こることが多い。

●人的要因の例
・体調不良
・焦り
・危険な行動
・過剰な運動

●環境要因の例
・滑りやすい廊下
・固定されていない設備
・強風

ポイント

●自動車の死角

・内輪差にも注意が必要

7 自然災害による危険と傷害の防止

1 自然災害による危険について，次の（　）に当てはまる言葉を答えなさい。また，【　】の正しいものを選びなさい。(各10点)

(1) 地震や台風，大雨，落雷など自然現象による被害を（①　　　　　）といい，その発生時や発生直後の被害を（②　　　　　）という。

(2) 地震後の津波や火災，液状化などは（①　　　　　）といい，電気・水道など（②　　　　　）が破壊されることが多く，被害者も増える。

(3) 近年では，1995年の【① 阪神・淡路大震災　・　東日本大震災】や，地震による津波の被害が甚大だった
【② 阪神・淡路大震災　・　東日本大震災】がある。

2 自然災害による傷害の防止について，次の（　）に当てはまる言葉を下から選びなさい。(各5点)

(1) 自然災害時には，慌てて行動すると危険なので，
（①　　　　　　　　　）を判断し，（②　　　　　　　　　）
を確保しながら行動することが大切である。

(2) 地震では，ヘルメットやカバンなどで（①　　　　　）を守り，落下物，移動する物から離れる。交通機関や
（②　　　　　　　　　）にいる場合は，係員の指示に従う。海岸に近い場所では，津波の危険があるので，より
（③　　　　　　　　　）に避難する。

(3) 日頃から，（　　　　　　　　　　）や避難経路，地域の避難所などを確認しておく必要がある。

(4) 災害時には間違った情報も多いので，テレビやラジオ，インターネットなども活用しながら，気象庁の（①　　　　　　　　　）や，
（②　　　　　　　　　）などから正しい情報を入手することが必要。

> ・緊急地震速報　・周囲の状況　・避難場所
> ・頭　　　　　　・自他の安全　・防災情報
> ・公共施設　　　・高い場所

ポイント
●地震の二次災害の例
・津波
・土砂崩れ
・火災
・地割れ
・液状化

保健体育

くわしく
東日本大震災の死亡原因
（岩手県，宮城県，福島県）

圧死・損傷死・その他4.2　焼死0.9　不詳4.2
合計 15,786名
溺死 90.6%

※2012年3月11日時点の調査結果

28 応急手当／心肺蘇生法（しんぱいそせいほう）

1 応急手当について，次の（　）に当てはまる言葉を下から選びなさい。また，(4)の問いに答えなさい。（各5点）

(1) 傷病者が出た場合に施（ほどこ）す，一時的な手当を（①　　　　　　）というが，その目的は傷病の（②　　　　　　），傷病者の苦痛や不安を和（やわ）らげる，その後の治療（ちりょう）効果を高め，回復を早めるためである。

(2) 出血の場合は，患部（かんぶ）を強く押（お）さえる（①　　　　　　）を行い，骨折や捻挫（ねんざ）の場合は，(②　　　　　　)などで患部を固定する。

(3) やけどの場合は，すぐに清潔な流水で十分に（　　　　　　）ことで，やけどが深く進行するのを防ぎ，また，内出血などを防ぐことができる。

(4) 傷病者が出た場合の初期対応について，下の**ア**～**ウ**の対応はどの順番で行うとよいか。順に並べなさい。
（①　　）⇒（②　　）⇒（③　　）の順が適切である。

> **ア** 傷病の状態に応じた応急手当を行う
> **イ** 必要ならば周囲に知らせたり，救急車を呼んだりする
> **ウ** 傷病者の反応確認や状況把握（じょうきょうはあく）をする

2 心肺蘇生法について，次の（　）に当てはまる言葉を答えなさい。

(1) 心臓が停止すると，（①　　）秒以内に意識が失われ，そのまま3～4分が経過すると，脳や心身に（②　　　　　）が残る。周囲の人が迅速（じんそく）に（③　　　　　　）や（④　　　　　　）を使って電気ショックを行うと命が救われる可能性が高くなる。
（各10点）

(2) 止まった心肺の働きを戻（もど）すためには（①　　　　　　）や呼気を送り込（こ）む（②　　　　　　）などの方法がある。
（各5点）

(3) その際傷病者にあえぎ呼吸など（　　　　　　）がないか注意する。（10点）

ポイント

●傷害の応急手当のルール
・清潔にする
・圧迫（あっぱく）して出血を止める
・患部を冷やす

ポイント

●包帯の目的
・細菌（さいきん）などから患部を守る
・傷口を圧迫して止血する
・患部やガーゼなどを固定する

●経過時間と死亡率

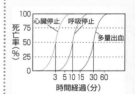

心臓停止が3分続く⇒死亡率が50%になる
呼吸停止が10分続く⇒死亡率が50%になる

ポイント

電気ショック用機器：
AED＝自動体外式除細動器

3 生活習慣病・がんの予防

別冊解答 P.20

得点　　　／100点

---

1 生活習慣病の予防について，次の（　）に当てはまる言葉を答えなさい。また，【　】の正しいものを選びなさい。

(1) 生活習慣病は毎日の（①　　　　　　　　　　　）の積み重ねが習慣となることにより発症するので，子どもの頃から健康によい（②　　　　　　　　　　　）を身につけることが大切である。(各10点)

(2) 生活習慣病の原因として，脂肪分や（①　　　　　　　）のとり過ぎ，睡眠不足や（②　　　　　）不足，喫煙や過度の（③　　　　　　　），またストレスの多い生活などが挙げられる。(各10点)

(3) 生活習慣が影響する病気には，がん・心臓病・脳卒中・【①糖尿病・インフルエンザ】・COPD（慢性閉塞性肺疾患）などがある。また，食べる・話すなど生活の質を低下させる【②歯周病・鼻炎】も生活習慣病の１つである。(各5点)

(4) 生活習慣病の早期発見には，国や地域の【①健康情報・特定健康診査】に従い，定期的に【②健康診断・血液検査】を受けることが必要である。

(各5点)

2 がんの予防について，次の（　）に当てはまる言葉を下から選びなさい。(各5点)

(1) がんとは，体の正常な細胞が（　　　　　　　）に変化し増殖することで，健康な組織を壊す疾病である。

(2) がんの要因は生活習慣や，細菌・ウイルスの感染などさまざまだが，適切な生活習慣により，ある程度は（　　　　）が可能である。

(3) 早期発見のためには，健康診断や（　　　　　　　　）が必要である。

(4) がんは大きさや他臓器への広がりにより，（　　　）の進行度に分けられる。

(5) 日本人の死亡数が多いがんの部位は，男性が（①　　　　　　）・胃・大腸，女性が（②　　　　　　）・肺・すい臓の順である。

・４つ　　　・がん検診　　　・肺　　　・大腸
・がん細胞　　　・予防　　　・早期発見

ポイント

●死亡につながる生活習慣

・喫煙
・運動不足
・塩分の高摂取
・過度のアルコール摂取
など

保健体育

くわしく

がんの進行度と５年生存率(※)

※がんと診断された人のうち，5年後に生存している人の割合。

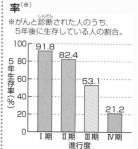

---

30 喫煙・飲酒の健康被害
きつえん　　ひがい

▶ 別冊解答 P.20

得点

／100点

1 喫煙の健康被害について，次の（　）に当てはまる言葉を答えなさい。
（各10点）

(1) たばこには，（①　　　　　　　　　　），タール，一酸化炭素など
の有害物質のほか，60種類以上の（②　　　　　　　　　　　　）
が含まれる。
ふく

(2) 喫煙者が吸い込む主流煙以外に，たばこの先端から出る
せんたん
（①　　　　　　　　）にも多くの有害物質が含まれるため，周囲の人
の（②　　　　　　　　　　　　）でも健康に悪影響を与える。
あくえいきょう　　あた

(3) 喫煙を続けると，やめられずに（①　　　　　　　）になるほか，さ
まざまながん，心臓病や脳卒中，（②　　　　　　　）(慢性閉塞性肺
まんせいへいそくせいはい
疾患) などにかかりやすくなる。
しっかん

(4) （　　　　　　　）未満の喫煙は法律で禁じられている。

2 飲酒の健康被害について，次の（　）に当てはまる言葉を下から選
びなさい。（各5点）

(1) アルコールには（①　　　　　　　）作用があるため，思考力，自制力，
（②　　　　　　　　　　）の低下を招く。

(2) 短時間に大量に飲酒すると，（　　　　　　　　　　）を起こし，
呼吸や意識の消失，死に至ることもある。

(3) 血中アルコール濃度と酔いの状態には個人差があるが，おおむね
のうど　　よ
0.30%で千鳥足になり，吐き気や嘔吐が起こる。0.50%になると
おうと
（　　　　　　　）が支離滅裂となり，揺り動かしても起きない状態
しりめつれつ　　ゆ
となる。

(4) 常習的に飲酒すると（①　　　　　　　　　　）に陥るが，特に若
おちい　　　　じゃく
年層での飲酒は，脳の萎縮により学習能力や記憶力を
ねんそう　　　　　　いしゅく　　　　　　　　　　きおく
（②　　　　　　　）させ，生殖器官の働きも妨げることがある。
さまた

・アルコール依存症	・急性アルコール中毒
いぞんしょう	
・運動機能	・麻酔　・低下
	ますい
・言語	・回復

ポイント
●たばこの有害物質の主な
害
・ニコチン
（血管収縮・血圧上昇・
しんぱくすう
心拍数増加）
・タール
（肺に付着し機能低下・
多くの発がん物質を含
む）
・一酸化炭素
うんぱん
（血中酸素の運搬能力低
下）

ポイント
●飲酒の影響を受ける主な
器官
・脳
・心臓
のど
・喉　食道
・肝臓
・胃
せいしょくき
・生殖器
・すい臓
・神経　骨

① 薬物乱用の害

1 薬物の乱用について，次の（ ）に当てはまる言葉を答えなさい。

(各10点)

(1) （① 　　　　　　　）などの有機溶剤や，（② 　　　　　　　），大麻な
ど法律で禁じられている薬物や化学物質を使うことを
（③ 　　　　　　　）という。
医薬品を（④ 　　　　　　　）の目的以外に使用することも含まれる。

(2) 薬物を乱用すると，（① 　　　　　　　）に大きな影響を与え，幻覚
や（② 　　　　　　　）状態，ひいては急死も引き起こす。

(3) 薬物の乱用が続くと，薬物を使用したい欲求や倦怠感など
（ 　　　　　　　）が現れ，さらにやめられなくなる。

2 薬物乱用について，次の（ ）に当てはまる言葉を下から選びなさい。

(各5点)

(1) 薬物乱用は自分の体をむしばむだけでなく，（① 　　　　　　　）暴
力や，ものを破壊するなどの行動を引き起こす。さらには学校や
（② 　　　　　　　）を休むなどして，正常な社会生活を送れなくなる。

(2) また，薬物を入手するために（ 　　　　　　）や窃盗事件に関わっ
てしまうこともある。

(3) 自分の心理状態や（① 　　　　　　），断れない（② 　　　　　　）
なども薬物乱用に至る一因といえる。

(4) 薬物乱用をしないためには，勧められてもはっきり（ 　　　　　　），
理由をつけて断る，無視して立ち去るなどが方法として挙げられる
が，勧められるような場所や人間関係を避けることが何より大事で
ある。

・仕事	・好奇心	・家庭内
・断る	・人間関係	・犯罪 ・交通事故

くわしく
乱用薬物の隠語
・**有機溶剤**
（アンパン・ジュントロ）
・**覚醒剤**
（スピード・シャブ・エス）
・大麻
（マリファナ・ハッパ）

ポイント
●薬物の脳への影響
・手足のしびれ
・思考力低下
・記憶力低下
・幻視
・幻聴

保健体育

32 感染症とその予防

1 感染症について，次の（　）に当てはまる言葉を答えなさい。

(1) 細菌やウイルスなどの（①　　　　　　　）が体に感染して起こる疾病を（②　　　　　　　）という。(各10点)

(2) 病原体は，それぞれの（　　　　　　　）を通じて，増殖しやすい場所にすみつく。(10点)

(3) 感染症の例には，（①　　　　　　　）によるインフルエンザ，風しんウイルスによる風しん，ノロウイルスによる感染性胃腸炎などがある。2019年に感染が始まった（②　　　　　　　）は，世界中で猛威を振るった。(各10点)

(4) 細菌は単細胞生物で（①　　　　　　）によって増えるが，ウイルスは細胞を持たず，人の（②　　　　　　　）の中でコピーを作る。
(各5点)

2 感染症の予防について，下の問いに答えなさい。

(1) 次の（　）に当てはまる言葉を答えなさい。(各5点)

・飛沫感染は，感染者の咳や（①　　　　　　　）などの飛沫を吸い込むことで感染するが，（②　　　　　　）は飛沫の水分が蒸発して空気中に漂うものを吸い込んで感染する。

・経口感染は，病原体が付いた手で触れたものや，汚染された（③　　　　　　）を食べることで感染する。

(2) 感染症の予防策を下の表にまとめた。（　）に当てはまる言葉を答えなさい。(各5点)

感染症の予防策	予防策の具体例
発生源をなくす	消毒など
（①　　　　　　）を断つ	十分な手洗い・うがいなど
体の抵抗力を高める	十分な休養や（②　　　　）など
免疫という抵抗力をつける	（③　　　　　　　）

(3) 次の（　）に当てはまる言葉を答えなさい。(各5点)

性感染症は主に性的な（①　　　　　　　）から感染するので，その予防には，コンドームなどを正しく使用し，（②　　　　　　）の接触を避けることである。

8 保健機関／医療機関

別冊解答 P.21

得点

／100点

1 医療機関について，次の（ ）に当てはまる言葉を答えなさい。

（各6点）

(1) 医療機関には，設備や規模によって，住まいに近い（① 　　　　　　）
（クリニック）や，より高度で専門的な医療を行う総合病院，
（② 　　　　　　）などがある。

(2) クリニックは地域の日常的な診療にあたれる
（ 　　　　　　　　）として機能する。

(3) 休日や夜間など，多くの医療機関が休む中，急病患者を受け入れる
のは（ 　　　　　　　　）病院などの救急医療機関である。

(4) （ 　　　　　）は休日の急病人やケガ人に応急的な診療を行うとい
う制度で，自治体の医療機関が当番制で受けもつ。

2 保健機関について，次の（ ）に当てはまる言葉を下から選びなさい。

（各10点）

(1) 保健機関には，地域の保健センターや（ 　　　　　　）などがあり，
住民の健康を保持増進し，疾病を予防するなどの役割をもつ。

(2) 市町村が運営する保健センターでは，乳幼児健康診査や
（① 　　　　　　），生活習慣病検診，
（② 　　　　　　），保健指導などが行われる。

(3) 主に都道府県が運営する保健所は，飼い犬登録や
（① 　　　　　　），食中毒予防，
（② 　　　　　　），飲食店の営業許可などを受け持つ。

(4) 保健活動は，行政だけでなく，日本赤十字社，国境なき医師団など
の民間団体，（① 　　　　　　　　），国連児童基金
（② 　　　　　　）などの国際組織も行っている。

> ・狂犬病予防 　　・予防接種 　　・保健所
> ・がん検診 　　・世界保健機構（WHO）
> ・感染症の相談と検診 　　・ユニセフ（UNICEF）

ポイント

●近所の診療所（かかりつけ医）の役割
・家族の不調をまず相談できる
・患者の健康管理
・日常的な診療
・初期治療

くわしく

救急医療機関
夜間や休日など多くの医療機関が休んでいる間に急病やケガを応急的に診療する。

保健体育

くわしく

救急車による搬送状況
搬送される疾病やケガの程度別（2017年調査）

搬送人員数　約574万人

- 死亡1.4
- その他0.1
- 重傷8.4
- 軽傷48.6%
- 中等傷41.6

軽傷…入院の必要なし
中等症…重症と軽症の間
重傷…3週間以上の入院が必要

34 医薬品の正しい使い方

得点

／100点

1 医薬品について，次の（　）に当てはまる言葉を下から選び，記号で答えなさい。（各10点）

(1) 医薬品によって病気の治療や予防に効果を現す作用を（①　　　　），本来の目的とは異なる好ましくない作用のことを（②　　　　）という。

(2) 医薬品の形状には，カプセル剤，錠剤，散剤などの（①　　　　），軟膏剤，点眼剤などの（②　　　　），注射や（③　　　　）などの注射剤などがある。

(3) 医薬品は，1日あたりの使用回数や使用時間帯，（　　　　），使用方法などが決められているので，それを守ることで，主作用が機能して副作用を減らすことができる。

| ア | 内用剤 | イ | 副作用 | ウ | 使用量 |
| エ | 主作用 | オ | 外用剤 | カ | 点滴 |

2 医薬品の利用について，次の（　）に当てはまる言葉を答えなさい。

（各5点）

(1) 病院などで（①　　　　　　　　）された医薬品は，その人の状態に合わせたものなので，他の人が使用すると（②　　　　　　　　）に深刻な影響を受けることがある。自分の使用している医薬品は，（③　　　　　　　　　　）に記録を残しておくと，飲み合わせのトラブルなどを防ぐことができる。

(2) 医薬品の定められた使用量は，主作用が現れる範囲に（①　　　　　　　）がおさまるように決められている。適量より多く飲むと，（②　　　　　　　）が現れて危険な範囲となり，また，適量より少ないと，主作用も現れない範囲となる。効果的に使用するためには指示に従い，正しく使うことが必要である。

(3) 薬の飲み方についてまとめた次の表の（　）に当てはまる言葉を答えなさい。

処方の指示	飲み方
食後	食後（①　　　　）分以内
食間	食後（②　　　　）時間程度
食前	食前30～（③　　　　）分

ポイント

医薬品の形状

飲みやすくて，効き目が効果的に現れるように形状がつくられている。

●内用剤…カプセル剤，シロップ剤，錠剤，散剤など

●外用剤…軟膏剤，点眼剤，トローチ剤，消毒剤など

●注射剤…注射，点滴

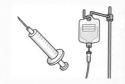

くわしく

薬の飲み方

・食前（食前30～60分）

・食後（食後30分以内）

・食間（食後2時間程度）

鉛筆で描く

1 デッサンをする鉛筆について, 次の【　】の正しいものを選びなさい。

(各5点)

(1) 鉛筆の硬さや濃さはさまざまであるが, 細く薄い線は【①H・B】の, 太く濃い線は【②H・B】の鉛筆が描きやすい。

(2) 鉛筆の持ち方によって多様な描き方ができるが, 細かい部分は鉛筆を【①立てて・寝かせて】, 大きな面は鉛筆を【②立てて・寝かせて】描くとよい。

(3) 色鉛筆を使って表現の幅を広げるには,【 1色・複数の色 】を塗り重ねると効果的である。

2 下の図を見て, 次の問いに答えなさい。(各10点)

(1) デッサンで形を捉えるための工夫にはどのようなものがあるか。下の絵を参考にして(　)に書きなさい。

①　　　　　　　　　　　②

(①　　　　　　　　)を観察する　(②　　　　　　　　)に置き換える

(2) 右のデッサン画を見て, 光の当たっている方向を矢印で示しなさい。また, (①)(②)の呼び方を書きなさい。

(①　　　　　　　　)

(②　　　　　　　　)

①
②
影

3 鉛筆デッサンを描く流れに沿って, 次の(　)に当てはまる言葉を答えなさい。(各5点)

(1) 形をおおまかに捉えながら, (　　　　　　　　)を描く。

(2) 立体的な表現にするために, (①　　　　　　　　)の方向を意識するとともに, 暗く見える部分に(②　　　　　　　　)をつける。

(3) 見る距離を変えたり, (　　　　　　　　)の調子を確認したりして描いていく。

(4) 陰となる部分は濃く, (　　　　　　　　)部分は消しゴムで消すなどして完成させる。

くわしく

1 (1) **鉛筆の芯の種類**

[芯の硬度と濃度]

硬い　　　　　柔らかい
薄い　◀‥‥▶　濃い

| H (ハード) H~9H (※) | B (ブラック) B~6B (※) |

※JIS規格

HとBの中間にHB, HとHBの中間にF(ファーム)がある。

水に溶ける水彩色鉛筆なら, 水彩画のような効果を出すことができる。

美術

ポイント

2 (2) **反射光**＝光が床面などにあたって跳ね返り, 陰の一部が明るく見えるもの。

3 おおまかに形を捉えるところから, 明暗をしっかりつけて立体的なデッサンになるまでの流れを確認。

2 水彩で描く

1 水彩絵の具について，次の問いに答えなさい。

(1) 次の（　）に当てはまる言葉を答えなさい。（各5点）

・水彩絵の具は，アクリル絵の具や（①　　　　　　　　　）と同様に，
（②　　　　　　　　　）で溶かして使う絵の具である。

(2) 水彩絵の具による表現には，おもに次の4つの描き方がある。それぞれの説明として正しいものを下から選び，記号で答えなさい。

（各10点）

① にじみ…（　　　）　② ぼかし…（　　　）

③ 吸い取り…（　　　）　④ かすれ…（　　　）

> ア 絵の具が乾く前に，上から別の色を塗って描く。
> イ 乾いた筆に水分の少ない絵の具をつけ，ほうきで掃くように描く。
> ウ 絵の具の水分をティッシュなどで吸うことでムラをつくる。
> エ 水を含んだ筆で，塗った絵の具の上をなぞって描く。

2 水彩絵の具を使う際の用具について，下の図のそれぞれの名称を答えなさい。（各5点）

（①　　　　　　）（②　　　　　　）（③　　　　　　）（④　　　　　　）

3 絵の具の混色について，例にならって（　）に当てはまる色を右から選び，色の式を完成させなさい。ただし，まぜる絵の具は同量とする。（各6点）

例：赤 ＋ （　　白　　） ＝桃色

① 青 ＋ （　　　　　　　） ＝緑

② 赤 ＋ 黄 ＝（　　　　　　　）

③ 赤 ＋ 青 ＝（　　　　　　　）

④ 青 ＋ 黄 ＋（　　　　　　　） ＝茶

⑤ 黒 ＋ （　　　　　　　） ＝灰色

> ・赤
> ・白
> ・青
> ・黄
> ・紫
> ・だいだい

風景画／人物画

別冊解答 P.22

得点

／100点

1 風景画について，次の【 】の正しいものを選びなさい。(各10点)

(1) 静物が描かれたものを【①**静物画・人物画**】と呼ぶように，風景画には風景が描かれている。だが，目に見える風景をただ写真のように写して描くだけでなく，作者が風景に自らの【②**思い・出来事**】を重ねて描き出していることが特徴といえる。

(2) 風景画で遠近感を出すためには【**投影図法・遠近法**】が用いられる。

2 人物画について，次の問いに答えなさい。(各10点)

(1) 人物画について説明した次の文のうち，正しいものを下から選び，記号で答えなさい。 (　　　)

> ア　歴史上の特定の人物の顔や姿が描かれた絵画。
> イ　ある人物の姿・形が描かれた絵画。
> ウ　複数の人物が，背景とともに描かれている絵画。

(2) 人物画を描く際の説明として（ ）に当てはまる言葉を下から選びなさい。

・人物をよく観察し，その人らしい（①　　　　　）や（②　　　　　）を描いていく。

> ・色　　・雰囲気　　・表情　　・香り　　・言葉

3 クロッキーについて，次の問いに答えなさい。(各10点)

(1) クロッキーについて次の【 】の正しいものを選びなさい。

・人物や動物などを短時間で描くクロッキーは，日本語で【①**素描・速写**】と呼ばれる。【②**短い・長い**】時間で仕上げるので，【③**消しゴム・修正液**】などを使って描き直さないのが特徴である。

(2) 下の作品の中から，クロッキーで描いたものを記号で答えなさい。 (　　　)

ア　　　　　　　イ　　　　　　　ウ

1 「風景画」「静物画」「人物画」いずれも描かれるものによって区別される。

くわしく

遠近法…風景を立体的に描くのに重要な技法。

くわしく

2 (1) **肖像画**…特定の人物の顔や姿が描かれたもの。写真がない時代に記録の役目もあった。

ポイント

3 (1)

クロッキー…短い時間に，対象の特徴をすばやくつかんで描くもの。

素描…デッサンのこと。

クロッキーはよりはっきりした線を重ねながら，描きたい形に近づけるので，消去して描き直すことはしない。

(2) クロッキーとデッサンの違いは，対象を細部まで描き込むかどうかによる。

美術

4 さまざまな技法で描く

別冊解答 P.22

得点

／100点

1 絵画の技法について，次の問いに答えなさい。(各10点)

(1) 次の描き方に当てはまる説明を下から選び，記号で答えなさい。

① フロッタージュ （　　　） ② マーブリング （　　　）

③ デカルコマニー （　　　）

ア：薄い紙を凹凸のあるものにあて，色鉛筆などでこすって模様を浮かび上がらせる方法。

イ：折った紙の間に絵の具を置いて，上からばれんなどでこすり，左右対称の形をつくる方法。

ウ：水面に垂らした絵の具を静かにかきまぜ，その上に紙を置いて模様を写し取る方法。

(2) (1)の①〜③に該当する作品を下から選び，記号で答えなさい。

① フロッタージュ （　　　） ② マーブリング （　　　）

③ デカルコマニー （　　　）

ア	イ	ウ
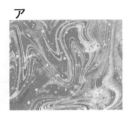	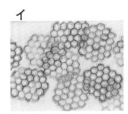	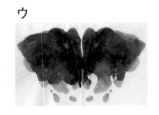

2 絵画の技法について，次の問いに答えなさい。(各10点)

(1) 次のそれぞれの技法の説明で，（　）に当てはまる言葉を下から選びなさい。

バチック：（①　　　　　　　　　）で描いた絵の上から水彩絵の具を塗って，①が水をはじく効果を使って描く方法。

点描：線の代わりに，（②　　　　　　　　　）を集合させるなど，短いタッチで人物などを描く方法。

ドリッピング：水分の多い絵の具を筆にふくませ，紙の上で振って（③　　　　　　　　　）模様で描く方法。

・円　　・点　　・固まる　　・飛び散る
・鉛筆　・クレヨン

(2) 次に説明する技法をなんと呼ぶか答えなさい。

（　　　　　　　　　　　　）

・さまざまな技法で作られた多様な素材を，切ったり貼ったりして1つの絵を完成させる方法。絵本作家エリック・カールの表現はその技法例としてよく知られる。

ポイント

1 描き方には筆を用いる以外にも多様な方法がある。

フロッタージュ…フランス語の「フロテ（こする）」が指すように，硬く凹凸のあるものの上に薄い紙を置いて模様を浮かび上がらせる技法。

デカルコマニー…偶発的な模様を楽しむ技法。ほぼ左右対称になる。

ポイント

2 **点描**…無数の点で人物や物の形を作り，絵を描く技法。点描主義といわれる**ジョルジュ・スーラ**の作品が有名。

コラージュ…異素材を組み合わせて作る技法。**ピカソ**や**ブラック**が始め，他の芸術にも影響を与えた。

版画

1 版画の種類について，次の（ ）に当てはまる言葉を答えなさい。

（各15点）

・版画には凸版・（①　　　　）・孔版・平版の 4 種類があるが，いずれも 1 つの版で（②　　　　）作品が何枚でも刷れるのが特徴である。

・凸版にはコラグラフや（③　　　　）があり，穴をあけて上から刷り込む孔版には，（④　　　　）やシルクスクリーンがある。

2 木版画について，次の問いに答えなさい。（各5点）

(1) 木版画に使われる下の用具の名称を答えなさい。

①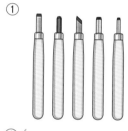

②

①（　　　　　　） ②（　　　　　　　　）

日本では，木版画には奉書紙や鳥の子紙などの**和紙**が主に使われる。

(2) (1)の①の使い方について，当てはまるものを下から選びなさい。

① 広い面に変化をつけて彫る →（　　　　　）

② 広い面などを彫る →（　　　　　）

③ 細く鋭い線や狭い場所を彫る →（　　　　　）

④ 輪郭や鋭い線を彫る →（　　　　　）

> ・丸刀　・三角刀　・切り出し刀　・平刀

2 (2) **切り出し刀**は，「切り出し」とも呼ばれる。

(3) 彫り方の技法について，次の説明に当てはまるものを答えなさい。

① 文字や輪郭を残して周囲を彫る方法。浮き彫りともいい，印象は強い。

（　　　　　）

② 文字や輪郭を彫る方法。紙に刷ると，その文字などが白くあらわれるのが特徴。

（　　　　　）

6 彫刻の表現と種類

別冊解答 P.23

得点 ／100点

---

1 彫刻について，次の問いに答えなさい。

(1) 彫刻の種類について，次の説明の①～④に当てはまる言葉を答えなさい。（各10点）

・彫刻には彫造と（①　　　　　　　　）がある。彫造は，木や石の

（②　　　　　　　　）を外側から彫り込みながら作るのに対し，

（①）は，粘土などを平面上の上に盛り上げながら形にしていく。

・どの方向からも完全な立体に見える彫刻を（③　　　　　　　　）

といい，正面から見ると平面の凹凸がわかる彫刻は，

（④　　　　　　　　）という。

(2) 彫刻の表現について，次の【　】の正しいものを選びなさい。

（各5点）

・作品全体のバランスや調和は，【①均衡・平均】と呼ばれ，そこに

感じられる動きは【②動向・動勢】と言われる。「薄肉」は作品の凹

凸が【③多い・少ない】ものをいい，逆に，ボリュームあるものは

【④ 量感・重感】があるという。全体のプロポーションをバランス

よく表現するには，部分相互の【⑤比例・比較】が大切である。

2 針金による彫刻について，次の問いに答えなさい。（各5点）

(1) イラストA・Bの針金の処理の仕方を（　）に書きなさい。

A  B

A（　　　　　　）
B（　　　　　　）

(2) 次の【　】の正しいものを選びなさい。

① 針金は，【異なる・同じ】太さのものを用意する。

② 太い針金は，作品の【細部・骨格】にあたる部分に使う。

3 金属板による彫刻について，次の（　）に当てはまる言葉を下から選びなさい。（各5点）

・金属板を加工するには，ねじる・（①　　　　　　　）・組み合わせるなどの技法がある。

・金属版を切断するには金切りばさみや（②　　　　　　　）が用いられる。

・金属どうしを接着するには，リベットや（③　　　　　　　）が便利である。

| ・はんだごて | ・金工のこぎり | ・曲げる |
| ・けずる | ・ラジオペンチ | ・木工ボンド |

ポイント

彫造…彫り込んでいくのでやり直しがきかない。

塑造…付け加えていくので修正がきく。

2

(1) 棒に針金を巻きつけて表現するものと，巻きつけてから棒を引き抜いたあとの形を使うものもある。

(2) 異なる太さの針金を使うことで表現の幅が広がる。

金属板を使うときは，平面の板でいかに立体的につくるかがポイントとなる。

❸ 木でつくる

1 木工の材料について，次の問いに答えなさい。(各10点)

(1) 木材から切り出した板について，下のイラストのまさ目・板目はそれぞれ**A・B**どちらか。

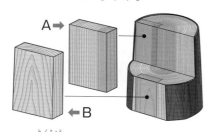

①まさ目　（　　　　）

②板目　（　　　　）

(2) 次の特徴はまさ目・板目のどちらのものか。

① 木目が曲線。乾燥すると収縮や反りが出やすい。（　　　　）

② 木目が平行。乾燥しても収縮や反りが出にくい。（　　　　）

2 木彫について，次の問いに答えなさい。

(1) 木彫の説明について，次の（　）に当てはまる言葉を答えなさい。

(各5点)

・木彫には（①　　　　　　）した状態の木材を使い，木づち・

（②　　　　　　）・小刀・彫刻刀などを用いて彫る。

・木目によって彫りやすい順目と彫りにくい（③　　　　　　）がある。

・1本の木からつくる技法を一木造り，複数の木材を組み合わせてつくる技法を（④　　　　　　）という。

(2) 下のイラストの（　）に彫り方を書きなさい。(各10点)

片切り彫り　　（①　　　　　　）　菱合い彫り　　（②　　　　　　）

3 やすりの説明について，次の【　】の正しいものを選びなさい。

(各5点)

・くぼんだ曲面を木工やすりで削るときは，【①**半丸・平**】のやすりを使う。

・木工やすりで削ったあとは，紙やすりでさらに形を整えるが，紙やすりは番号の【②**小さい・大きい**】方が目が粗い。

・紙やすりを使う順序は，目の【③**細かい・粗い**】ものから，目の【④**細かい・粗い**】ものへと使っていく。

ポイント

制作するものによって，**板目・まさ目**の特徴を踏まえて選ぶ。

ポイント

まさ目・板目の特徴
まさ目＝木目が平行・乾燥しても反りや収縮が出にくい。
板目＝木目が曲線・乾燥して反りや収縮が出やすい。

2 (1) 制作したあとに影響がでないよう，十分**乾燥させた木材**を用いる。

(2) **薬研彫り**…薬剤をひく器具のくぼみと同じ形であることからついた名称。

☞ くわしく

紙やすり(サンドペーパー)の目の粗さは#番号で表す。番号が小さいほど目が粗い。

粗い

↑
・粗目 #40～#100
・中目 #120～#240
・細目 #280～#800
↓
・極細目 #1000～

細かい

美術

⑧ 粘土(ねんど)でつくる

別冊解答 P.23

得点　　／100点

1 粘土について，次の問いに答えなさい。

(1) 粘土について，次の（　）に当てはまる言葉を答えなさい。（各10点）

・粘土は細かい粒子(りゅうし)からなり，（①　　　　　）を含(ふく)むと粘(ねば)り気が出る土をいう。

・焼き物に適した粘土は（②　　　　　）だが，土でない素材からできた（③　　　　　）もある。

(2) 次の特徴に当てはまる加工粘土の種類を下から選び，記号で答えなさい。（各5点）

① たいへん軽い粘土で，色を練り込むことができる。（　　　）

② 固まらないので形を変えて何度も使える。（　　　）

③ 乾燥(かんそう)したあと削(けず)って成型できる。着色も可能。（　　　）

④ 透明度(とうめいど)が高く，薄(うす)く伸(の)ばすことも着色もできる。（　　　）

> A　石粉粘土(せきふん)　　B　樹脂粘土(じゅし)　　C　軽量粘土(けいりょう)
> D　クレイアニメーション用粘土

2 焼き物について，次の問いに答えなさい。

(1) 下のイラストの用具の名称(めいしょう)をそれぞれ答えなさい。（各5点）

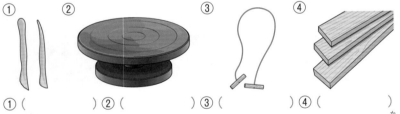

① ② ③ ④

①（　　　　　）②（　　　　　）③（　　　　　）④（　　　　　）

(2) 焼き物ができるまでの各工程を示した次の文を，正しい順に並べ替(か)えて（　）に番号を書きなさい。（10点）

① 本焼きをする。　　② 釉薬(ゆうやく)をかける。

③ 素焼(すや)きをする。　　④ 粘土で形をつくる。

⑤ 乾燥させる。

（　　）→（　　）→（　　）→（　　）→（　　）→完成

3 焼き物つくりの技法「ひもづくり」「板づくり」について，次の（　）に当てはまる言葉を答えなさい。（各5点）

・ひもづくりは，（①　　　　　）状にした粘土を積み上げて形をつくる。内側は上から下へ，外側は（②　　　　　）へなじませる。

・板づくりは，たたら板を使い，粘土を（③　　　　　）で板状に切る。必要な大きさを（④　　　　　）で切り出して成型する。

くわしく

1 (1) 焼き物に使う粘土は，全国に産地がある。

(2) **クレイアニメーション用粘土**…クレイアニメーションでキャラクターの動きを出しながら撮影(さつえい)するときなどに用いられる。

2 (1)
②…回転させて器などの形を整える用具。
④…粘土を板状に整えるときに使う。

ポイント

(2) 釉薬は素焼きのあとにかける。

くわしく

機械を使わず手で直接形をつくる作り方を「**手びねり**」と呼ぶ。「**ひもづくり**」「**板づくり**」は，手びねりの技法の1つ。

石や金属でつくる／写真や映像を撮影する

---

1 石の加工について，次の（ ）に当てはまる言葉を答えなさい。

(各5点)

・石彫では，両端に縦刃と横刃がある（① 　　　　 ）が用いられる。

・石の破片が飛ばないように，石は前もって（② 　　　 ）につけておくとよい。

・石を彫って印鑑をつくることを（③ 　　　 ）といい，用いる石には，軟らかい（④ 　　　 ）から，硬い寿山石までいろいろある。石を彫るには（⑤ 　　　 ）が用いられる。

2 金属の加工について，次の問いに答えなさい。

(1) 次の特徴をもつ金属を答えなさい。(各10点)

① 軟らかく，延ばしやすい。すずを加えて青銅（ブロンズ）になる。

② 軟らかく，軽い。缶や硬貨に使われている。

③ 鉱石から採れ，鋼にしてから使う。

　　　　(① 　　　)(② 　　　)(③ 　　　)

(2) 金属の加工に使われる用具について，次の（ ）に当てはまる言葉を下から選びなさい。(各5点)

・針金を切るペンチや，金属板を切る（① 　　　 ），針金を曲げるラジオペンチのほかに，銅板を打ち出す際に用いる（② 　　　 ）や金属の（③ 　　　 ）がある。

> ・金切りばさみ 　・たがね 　・いもづち
> ・金づち 　　　・へら

3 撮影による作品づくりについて，次の【 】の正しいものを選びなさい。(各6点)

① カメラのレンズを【広角・望遠】にすると，遠くにいる人物が近くにいるかのように撮れる。

② 動いているものを止まったように撮るには，シャッタースピードが【速い・遅い】とよい。

③ 映像制作の流れを把握するには，台本のほかに【スケッチ・絵コンテ】が必要である。

④ 写真や映像には，文章や音楽・絵画と同様に【著作権・人権】がある。

⑤ コンピュータを用いて画像を作成することや，作成した作品を【写真編集ソフト・コンピュータグラフィックス】という。

くわしく
てん刻には，遼東石・青田石も用いられる。

ポイント
2 (1) 青銅は「ブロンズ」ともいい，彫刻によく使われる。

美術

くわしく
●レンズの焦点距離
焦点距離が短いほど広い範囲を写せる。
焦点距離が長いほど，遠くのものを大きく写せる。

広角…28mm

標準…50mm

望遠…200mm

コンピュータグラフィックスは CG ともいわれる。

⑩ 色彩の基本・仕組み

1 色の三原色について，次の（ ）に当てはまる言葉を答えなさい。

(各5点)

・色光の三原色は，赤［レッド］・青紫［ブルー］・（① 　　　　　　）で，重ねるほど明るくなり，（② 　　　　　）に近づく。このことを（③ 　　　　　）という。

・色料の三原色は，（④ 　　　　　）・黄［イエロー］・緑みの青［シアン］で，重ねる色が増えるほど（⑤ 　　　　　）なり，黒に近づく。このことを（⑥ 　　　　　）という。

2 色彩について，次の問いに答えなさい。

(1) 色の三要素について，次の問いに答えなさい。(各10点)

① 色の三要素を書きなさい。

（ 　　　　　　・　　　　　　・　　　　　　）

② 明度のみをもつ白・灰・黒を何というか。 　　（ 　　　　　）

③ 暖色と寒色の中間を（ 　　　　　）と呼ぶ。

(2) 色相について，次の（ ）に当てはまる言葉を答えなさい。(各10点)

・色相が近い順に並べてできる輪を（① 　　　　　）と呼び，反対に位置する２色の関係を（② 　　　　　）という。

(3) 次の補色を右から選びなさい。(各5点)

① 赤 　　　　　⇔（ 　　　　）

② 黄みのだいだい ⇔（ 　　　　）

③ 黄 　　　　　⇔（ 　　　　）

・赤	・青	・黄
・青緑	・青紫	・白

(4) 下の２つのハートのうち，ハートの色が明るく見える方の記号を書きなさい。(5点)

（ 　　）

ア 　　　　　　　　　イ

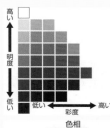
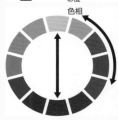

① さまざまな構成美

1 形の構成について，次の問いに答えなさい。(各10点)

(1) 次のそれぞれの構成の種類を答えなさい。

 ① 同じ割合で段階的に変化する。

（　　　　　　　　　）

 ② 1か所を強調して全体を引き締める。

（　　　　　　　　　）

 ③ 中心に対して左右上下が対応する。

（　　　　　　　　　）

(2) 次の（　）に当てはまる言葉を答えなさい。

・色や形の規則的な変化から動きが生まれる（①　　　　　）や，同じ図柄が反復する（②　　　　　　　　）は，構成美の大切な要素である。

2 立体の構成について，次の問いに答えなさい。(各10点)

(1) 遠近法について，（　）に当てはまる言葉を下から選びなさい。

・風景画などで距離・（①　　　　　　　）・立体感を表現するために使われる遠近法には，いくつかの種類がある。そのうちの

（②　　　　　　　　）では，構図が1つの点に集中するように描く。

・こうした点を（③　　　　　　　）と呼ぶ。

・近くをはっきりと濃く，遠くを淡くかすんで描く方法は，

（④　　　　　　　）である。

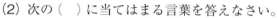
| ・消失点 | ・一点透視図法 | ・二点透視図法 |
| ・空気遠近法 | ・奥行き | |

(2) 二点透視図法が用いられた作品例を下から選び，記号で答えなさい。

ア　　　　　　　イ　　　　　　　ウ　　　　　　（　　　）

ポイント
1 (1) ①色の濃淡などはその一例。

ポイント
③線や点が中心になる。

2 (2) **消失点**がどこにあるかを見極める。

美術

⑫ 身の回りにある形や色彩

1 身の回りにあるデザインについて，次の問いに答えなさい。

(1) 身近なデザインの種類について，次の（ ）に当てはまる言葉を答えなさい。（各10点）

・情報を視覚的に伝えるための視覚伝達デザインのほか，工業製品のための（①　　　　　　　　　），快適な生活環境のための（②　　　　　　　　　）などがある。

・障がいの有無や年齢，性別にかかわらず，すべての人に配慮したデザインを（③　　　　　　　　　），また，環境保全に配慮したデザインを（④　　　　　　　　　）という。

(2) 公共施設などで，見るだけで情報が伝わる絵文字の名称を書きなさい。（15点）

（　　　　　　　　　）

(3) (2)の実例として該当するのは下のどちらか。記号を答えなさい。

（10点）

（　　　　）

ア　　　　　　　　　　イ

(4) (3)のように，見ただけで内容がわかるマークをつくるのに必要な条件はどちらか。次の【 】の正しいものを選びなさい。（各5点）

・【①単純・複雑】で【②便利・簡潔】，【③一般的・独創的】であること。

2 環境デザインについて，次の（ ）に当てはまる言葉を下から選びなさい。（各5点）

・都市環境を整えるために，公園や道路に彫刻などを設置することを（①　　　　　　　　　）という。

（②　　　　　　　　　）はその一例だが，大切なのは（③　　　　　　　　　）との調和である。人々が集い，（④　　　　　　　　　）が生まれるような魅力にあふれた作品が求められる。

| ・パブリックアート | ・バリアフリー | ・周囲の環境 |
| ・コミュニケーション | ・環境芸術 | |

ポイント

視覚伝達デザイン…視覚により情報を伝達するデザインのこと。

ポイント

1 (1)③**バリアフリー**は，**ユニバーサルデザイン**の一環である。

くわしく

道路や公園，建造物などを都市の中にレイアウトしたりデザインしたりすることを，**都市計画**という。

❸ 美術館を楽しもう

1 美術館を楽しむための工夫について，次の①〜④に当てはまる言葉を下から選びなさい。(各5点)

・展覧会の開催を知らせる（①　　　　　　　　　）には，ユニークなデザインのものが多いので，美術館や近隣の駅，

（②　　　　　　　　　　）などで集めてみる。

・展覧会では，ただ順にみていくだけでなく，（③　　　　　　　　　）の作品がないか探しながらみてみる。

・学芸員やゲストによる（④　　　　　　　　　）やワークショップなどのイベントに参加して，美術体験を広げてみる。

> ・公共施設　　・チラシ　　　・情報番組
> ・ギャラリートーク　　　・お気に入り　　　・美術部

2 美術鑑賞の仕方について，次の【　】の正しいものを選びなさい。

(各10点)

(1) 作品をじっくり見るためには，【①色・額】や光の具合などポイントをしぼるとよい。描かれているものを【②大雑把に・細かく】見ていくのも発見があり，鑑賞の助けになる。

(2) 人物画なら，【①描かれた人物・鑑賞する人物】の思いやしゃべっていることを想像したり，その環境に思いをめぐらせたりしてみる。たとえば，ヨハネス・【②フェルメール・ルノワール】の『地理学者』をみたら，「この人が【③手に持っている・両手で抱えている】ものは何だろう」「視線の先には何があるのだろう」「壁に描かれている【④文字・地球儀】の意味はなんだろう」など，多くのなぞが見つかる。

(3) 作品や作家について本や【①新聞・ウェブサイト】で調べると，そうしたなぞも解け，作品の背景がいっそうわかりやすい。こうして自分が感じたことや【②話したこと・考えたこと】，調べたことを文章にまとめておくと，自分だけの美術記録となって，あとで見直すのも楽しい。

実際に美術館に出かけて，体験してみる。

📖 くわしく
●美術館の種類のいろいろ
・世界の巨匠の作品を集めた美術館
・焼きものを鑑賞できる美術館
・日本美術中心の美術館
・彫刻や造形作品の美術館
・ガラス工芸品を集めた美術館
・伝統工芸品の美術館
・絵本を集めた美術館
・オルゴールの美術館　など

美術

📖 くわしく
●フェルメールの代表作
『真珠の耳飾りの少女』
『天文学者』

14 日本の美術

▶ 別冊解答 P.24

得点

／100点

---

1 これまでの日本の美術の流れについて，次の（　）に当てはまる言葉を答えなさい。　(各5点)

①　6世紀には，シルクロードから中国・朝鮮半島を経て，仏教とともに（　　　　　　）が伝来した。

②　14〜16世紀には，禅宗とともに中国から伝わった（　　　　　　）が流行，多くの画が描かれた。

③　安土桃山時代には，スペイン・ポルトガルとの（　　　　　　）により，西洋の文化がもたらされた。

④　開国とともに日本美術が西洋に輸出されると，特に浮世絵が（　　　　　　）として影響を与えた。

⑤　その後，日本でも（　　　　　　）が盛んとなり，多くの画家が油彩などに取り組み作品をのこした。

⑥　20世紀には，日本の漫画や（　　　　　　）が広く世界で評価されるようになった。

2 ユネスコに登録された「世界文化遺産」で，日本にあるものを次からすべて選び，記号で答えなさい。(各5点)

ア　法隆寺地域の仏教建造物　　イ　原爆ドーム

ウ　万里の長城　　　　　　　　エ　富士山－信仰の対象と芸術の源泉－

オ　「神宿る島」宗像・沖ノ島と関連遺産群

カ　サグラダ・ファミリア　　キ　琉球王国のグスク及び関連遺産群

3 日本の伝統工芸品について，当てはまる地域を下から選びなさい。

(各5点)

①　美濃和紙　　　　　（　　　　　）

②　信楽焼　　　　　　（　　　　　）

③　輪島塗　　　　　　（　　　　　）

④　久留米絣　　　　　（　　　　　）

⑤　益子焼　　　　　　（　　　　　）

⑥　熊野筆　　　　　　（　　　　　）

⑦　西陣織　　　　　　（　　　　　）

⑧　紅型　　　　　　　（　　　　　）

⑨　伊万里・有田焼　　（　　　　　）

・北海道	・栃木県	・埼玉県	・石川県	・岐阜県
・滋賀県	・京都府	・広島県	・福岡県	・佐賀県
・沖縄県				

---

⑤ 西洋の美術

1 原始〜古代の西洋の美術について，次の（　）に当てはまる言葉を
答えなさい。(各4点)

・壁画としては，スペインの（①　　　　　）の洞窟壁画・フランス
の（②　　　　　）の洞窟壁画が知られる。

・巨石を積み上げた（③　　　　　）はエジプトに，エンタシスの柱
で有名な（④　　　　　）はアテネにある。

・ギリシャのミロス島で出土した（⑤　　　　　）は，不完全
な形ながら彫刻女性像として有名。

2 中世の美術について，次の（　）に当てはまる言葉を下から選び，
記号で答えなさい。(各5点)

・壁に直接描ける（①　）は，古代ポンペイの壁画にも見られるが，
トルコの（②　）岩窟教会やイタリアの（③　）教会のものが有名。

・建築様式では，モザイク装飾や屋根上のドームを特徴とする（④　），
イタリアのピサ大聖堂に見られる（⑤　），高い尖塔をもつ
（⑥　）が知られる。

・中世の西洋美術は（⑦　）と深く結びついている。

ア　キリスト教	イ　聖フランチェスコ	ウ　ギョレメ
エ　フレスコ画	オ　ゴシック建築	
カ　ビザンチン建築	キ　ロマネスク建築	

3 近世〜現代の美術について，次の【　】の正しいものを選びなさい。

(各5点)

(1) 復興・再生を意味する【①ルネサンス・バロック】期には，それま
での神中心から人間に視点が移り，【②抽象法・遠近法】の確立も
あって，優れた油絵が多く描かれた。

(2) 「ヴィーナスの誕生」の【①ボッティチェリ・ラファエロ】，「モナ・
リザ」の【②ルノワール　・　レオナルド・ダ・ヴィンチ】，「最後
の審判」の【③ミケランジェロ・アンジェリコ】が特に有名である。

(3) 印象派では，「睡蓮」の【①マネ・モネ】，裸婦を多く描いた
【②ルノワール・スーラ】，「ひまわり」の【③ゴッホ・ゴーギャン】，
キュビスム（立体派）を創始した【④ミレー・ピカソ】らは他芸術に
も影響を与えた。

原始〜古代の壁画・建造物
などは人類の芸術上の遺産
としても捉えておきたい。

ポイント
中世の西洋美術は，ほとん
どが**キリスト教**の中で生ま
れ，発展した。

美術

ポイント
●作品とともに押さえてお
きたい画家
・ボッティチェリ
・レオナルド・ダ・ヴィンチ
・ミケランジェロ
・ラファエロ
・フェルメール
・モネ
・マネ
・スーラ
・マティス
・セザンヌ
・ルノワール
・ミレー
・ピカソ
・ダリ
・ムンク
・ゴッホ
・ゴーギャン
・クリムト

音　楽　　　　　　　　‖‖ 解答解説 ‖‖

浜辺の歌

本冊 P.8

(1) ①成田為三　②林古渓

(2) ①フラット　②調号　　(3) ヘ長

(4) ①8分の6拍子　②8分　③6

(5) ①デクレシェンド　②だんだん弱く　　(6) mp

(7) 朝　　(8) ア

解 説

1
(1) 作曲者の成田為三(1893～1945)は,ほかにも「かなりや」「赤い鳥小鳥」など親しみやすい童謡を数多く残している。
(2) 「フラット」は,その音を半音下げるという指示。
(3) ♭1つは「ヘ長調」「ニ短調」のどちらかである。
(4) 8分の6拍子は,1小節内に8分音符が6つ入るが,8分音符3つの組が2つという数え方で,2拍子系といえる。
(5) デクレシェンドと対になるのがクレシェンド(=だんだん強く)。
(6) 音の強弱は,弱い方から $pp→p→mp→mf→f→ff$ の順。
(7) 「あした」は朝,2番の「ゆうべ」は夕方の意味。
(8) 8分の6拍子のリズムに乗ったフレーズと,16分音符で刻まれるピアノ伴奏が浜辺に寄せる波を思わせる。

エーデルワイス

本冊 P.9

(1) ①サウンド オブ ミュージック　②阪田寛夫

(2) 演劇　　(3) ①モデラート　②中ぐらいの速さで

(4) ①コード(ネーム)　②ド・ミ・ソ

(5) 付点2分音符　　(6) r　　(7) イ

解 説

1
(1) 「サウンド オブ ミュージック」は,1959年に初演された後映画化され1965年に公開。「エーデルワイス」とともに「ドレミの歌」もよく知られる。
(3) モデラートは「中ぐらいの速さで」を表す速度用語。「歩く速さで」はアンダンテ(Andante)。
(4) コード記号とも呼ばれ,それぞれ決まったハーモニー(和音)を表す。
(5) 2分音符に付点がついた付点2分音符。4分音符3つ分の長さを表す。
(6) 「l」と「r」は日本人には区別が難しい発音なので注意する。
(7) 8小節ごとにa－a'－b－a'の各部からなる二部

形式である。

音楽 3 花の街

本冊 P.10

1
(1) ①江間章子　②團伊玖磨　　(2) 平和

(3) 72～84回くらい打つ速さで演奏する

(4) 8分休符　　(5) mf

(6) ①タイ　②隣り合った同じ高さの音符をつなぎ,1つの音に

解 説

1
(3) 速度記号は,メトロノームに合わせて,作曲者の意図する速さで演奏するためのもの。
(5) 強弱記号を強い方から順に並べると,$ff→f→mf→mp→p→pp$ となる。
(6) タイは,隣り合った同じ高さの音をつなぐ。高さの違う2つ以上の音をなめらかに奏するスラーと区別する。

音楽 4 赤とんぼ

本冊 P.11

1
(1) ①三木露風　②山田耕筰

(2) ①4分の3拍子　②変ホ長調　　(3) 抒情的

(4) 背負われて

(5) ①クレシェンド　②だんだん強く

(6) ①ブレス　②息継ぎ　　(7) 4分休符

(8) この道

解 説

1
(1) 山田耕筰は日本を代表する作曲家。日本初のオーケストラをつくるなど西洋音楽の普及に努めた。
(2) ♭が3つの調性は変ホ長調。
(3) 作曲者が幼い頃の思い出を回顧している様子が伝わる抒情的な曲である。
(4) 「負われて」は「追われて」の意味と誤解されることが多いので注意。
(6) 息継ぎの場所を示すブレス記号は,歌詞のフレーズの切れ目など,不自然にならないところに置かれる。
(7) この曲は4分の3拍子なので,4小節目は「2分音符+4分休符」となる。
(8) 山田耕筰の歌曲は,日本語の抑揚に合わせた旋律で知られる。北原白秋の詩に作曲した「この道」「からたちの花」が有名。

5 夏の思い出

本冊 P.12

1 (1) ①江間章子 ②中田喜直 (2) 尾瀬

(3) 二長 (4) 3連符

(5) ①だんだん弱く ②(例)略語

(6) ①テヌート ②長さをじゅうぶんに保って

(7) 鼻濁音 (8) ①話しかける ②旋律 ③響き

解説

1 (1) 作曲者の中田喜直は,「めだかのがっこう」で知られる。

(4) ここでの3連符は,4分音符1拍を3等分している。

(5) *cresc.*(クレシェンド)や*rit.*(リタルダンド)などの略語がある。

(7) 鼻濁音は,伝統的な東京方言によるもので全国的なものではないが,日本語の歌では響きの美しさにつながるので注意して用いたい。

6 主人は冷たい土の中に

本冊 P.13

1 (1) ①アメリカ ②フォスター

(2) ゆっくり歩くような速さで

(3) ①4 ②旋律 ③b ④a' ⑤二部形式

(4) 付点4分音符

(5) ①フェルマータ ②その音符[休符]をほどよく延ばして

(6) ①続く ②終わる

解説

1 (3) a-a'-b-a'という構成をもつのは,二部形式。aの部分で旋律を提示し,次に少しアレンジした旋律a'に移る。その後ガラッと曲の流れが変わってbになり,最後に再びa'になり曲がまとまる。

(4) 付点4分音符は4分音符＋8分音符の長さ。

(5) フェルマータで音を長く延ばすことで,余韻が生まれる。

(6) 二部形式のaとa'では,旋律の「続く感じ」と「終わる感じ」が区別される。

7 サンタ ルチア

本冊 P.14

1 (1) カンツォーネ (2) (例)フニクリ フニクラ

(3) 変ロ (4) ①8分の3拍子 ②6

(5) ①ナチュラル ②もとの高さで

(6) 初めに戻ってくり返す

(7) ①アクセント ②その音を目立たせて[強調して]

解説

1 (2) ほかに「帰れソレントへ」などもある。

(3) ♭2つは変ロ長調。

(4) 1小節内に8分音符3個分なら,16分音符は6分となる。

(5) ここで使われるナチュラルは,変ロ長調で「変ホ」となった音を,元の「ホ」の音に戻すということ。

(6) リピート記号(左向き)からリピート記号(右向き)に戻り,くり返して演奏する指示記号。右向き記号がなければ曲の冒頭に戻る。

8 荒城の月

本冊 P

1 (1) ①土井晩翠 ②滝廉太郎 (2) 花

(3) 臨時記号 (4) 花見の宴会 (5) 山田耕筰

(6) ①ロ短調 ②4分の4拍子 ③(例)「はなのえ」の「え」の音など

(7) **Adagio**

解説

1 (1) 滝廉太郎(1879～1903)は,東京音楽学校卒業ドイツに留学するが,病で帰国後23歳の若さでくなる。

(2) 「花」は教科書にも掲載されている。

(3) 調号とは別に用いられる臨時記号は,その小節だけで有効である。

(4) この歌詞は,7音・5音の構成からなる。

(5) 原曲には動きが感じられるが,山田耕筰の編曲悲痛さをもって朗々と歌われる。

(6) ②拍子は同じだが,音価(一音一音の譜面上にける長さ)を変えたり,一音変化させたりな曲想が異なっている。

9 花

本冊

1 (1) ①武島羽衣 ②滝廉太郎 (2) ト長調

(3) 16分休符 (4) ①付点4分音符 ②3

(5) たとえたらよいのだろうか (6) 見てごら

(7) 同声二部合唱 (8) さくら

解説

1 (3) 4小節目の最後の休符が8分休符。

(4) ②全音符から順に分割していくと,2分音符分音符・8分音符・16分音符・32分音符とな

(5) (6) どちらも文語(文章だけに用いられる言葉書き言葉ともいう)の歌詞の味わいが感じられ

(7) 同声二部合唱は,女声なら通常ソプラノ・アの組み合わせをいう。

10 早春賦

本冊

1 (1) ①吉丸一昌 ②中田章

(2) ①8分の6　②8分　③6　④2拍子
(3) ①6　②弱起　　(4) ①変ホ長調　②ソ
(5) ハ短調　　(6) イ

1 (2) ④8分の6拍子は，8分音符3個を1拍と数える
　　　ので，4分の2拍子のようにリズムをとるとよい。
　　(3) 1拍目(強拍)から始まらない曲を弱起(弱拍から
　　　始まるの意)という。
　　(4) 変ホ長調の階名では変ホの音がドとなる。
　　(5) 調号が同じ長調・短調の組み合わせは，3度ずら
　　　して調べるとよい。変ホ→ハ。

帰れソレントへ
本冊 P.18

(1) ①イタリア　②デ クルティス
(2) **Moderato**
(3) ①ハ短調　②ハ長調　③転調
(4) ①リタルダンド　②だんだん遅く
(5) もとの速さで　(6) Cマイナー

1 (3) 転調は曲の途中で調性が変わること。
　　(4) *rit.*は*ritardando*の省略形。
　　(5) 「ア テンポ」はその前で変化した(変化していた)
　　　テンポを元に戻すという指示。
　　(6) コードネームにはメジャーとマイナーがある。
　　　Cmを構成する音は，C・E♭・G(ハ・変ホ・ト)。

大地讃頌
本冊 P.19

(1) ①大木惇夫　②佐藤眞　③混声四部合唱
(2) テノール　(3) 壮大に
(4) ①スラー　②滑らかに　(5) 2分休符
(6) 合唱曲　(7) 8小節休む
(8) フォルテフォルティッシモ[フォルティッシッシモ]

1 曲中の「𝄪」(ダブルシャープ＝半音上げた音をさらに
　　半音上げる)，*maestoso*(マエストーソ＝荘厳に)など
　　も押さえておきたい。
　　(2) 混声四部は，女声二部(ソプラノ・アルト)・男性
　　　二部(テノール・バス)から構成される。女性三部
　　　の場合はメゾソプラノが加わる。
　　(5) 小節間をすべて休む全休符と似ているので区別す
　　　る。
　　(6) 西洋音楽では，カンタータというとバッハの作品
　　　が有名である。
　　(8) *ppp*はピアノピアニッシモ(またはピアニッシッシ
　　　モ)と呼ぶ。

音楽
13 春一第1楽章
本冊 P.20

1 (1) ①ヴィヴァルディ　②イタリア　③バロック
　　(2) ヘンデル　(3) ①協奏曲　②コンチェルト
　　(4) ①ヴァイオリン　②チェンバロ　③通奏低音
　　(5) リトルネッロ　(6) ①四季　②ソネット
　　(7) ①春　②小鳥　③そよ風　④雷鳴

1 バロック音楽は17世紀初めから18世紀半ばにおけるヨ
　　ーロッパの音楽の潮流。
　　(1) ヴィヴァルディはバロック時代後期の作曲家とし
　　　て有名。
　　(2) 同時代にバッハ(1685〜1750)，ヘンデル(1685
　　　〜1759)がいる。

音楽
14 雅楽「平調 越天楽」一管絃
本冊 P.21

1 (1) ①儀式　②10　(2) ①打物　②調
　　(3) ①竜笛　②鉦鼓　③笙　(4) 琵琶
　　(5) ①打　②間　(6) ①1　②2　③3

1 雅楽は，①舞楽・管絃，②神楽歌・東遊，③催馬楽・
　　朗詠に分けられる。
　　(3) 管絃の演奏では通常，竜笛の独奏から始まる。雅
　　　楽で吹物の奏者を音頭と呼ぶのはこのため。

音楽
15 ブルタバ(モルダウ)
本冊 P.22

1 (1) ①チェコ　②スメタナ　③オーストリア
　　(2) ①オーケストラ　②交響詩　③連作交響詩
　　(3) ブルタバ川の流れ　(4) オーボエ
　　(5) ①スタッカート　②その音を短く切って
　　(6) その音を特に強く　(7) シベリウス

1 国が独立してチェコ語を自由に使えるようになり，曲
　　名もチェコ語で「ブルタバ」と呼ばれるようになった。
　　(3) 「ブルタバの2つの源流」の中で，ブルタバを表
　　　す旋律として用いられている。
　　(7) J.シベリウス(1865〜1957)もまた帝政ロシアから
　　　の祖国の独立を願って作曲している。

音楽
16 フーガ ト短調
本冊 P.23

1 (1) ①ドイツ　②バッハ　③教会　④1,000
　　(2) 主題　(3) 小フーガ

(4) ①パイプオルガン　②ストップ　③足鍵盤
(5) ①二短　②応答　　(6) 足鍵盤

解説

1 (1) 現在のドイツ，当時の神聖ローマ帝国である。
(2) フーガの形式は対位法という作曲技法による。
(5) A・Cの主題に対して，B・Dが応答している。

音楽
17 交響曲第5番 ハ短調　　本冊 P.24

1 (1) ①ベートーヴェン　②ドイツ　③ウィーン
(2) 聴力　　(3) 交響曲
(4) ①ソナタ　②展開部　③再現部　④コーダ
(5) 動機
(6) ①二長調(時計)　②ト短調　③ハ短調
④口短調(悲愴)

解説

1 (4) ソナタ形式は，バロック期の舞曲から始まると言
われ，18世紀古典派で発展，20世紀に至っても多
く用いられている。この曲は，終結部としてコー
ダをもち，4つの部分からなる。
(6) チャイコフスキー交響曲第6番ロ短調(悲愴)は，
彼が完成させた最後の交響曲である。

音楽
18 箏曲「六段の調」　　本冊 P.25

1 (1) ①八橋検校　②江戸　(2) 奈良時代
(3) ①平調子　②都節　(4) 段物　(5) 序破急
(6) ①引き色　②後押し　(7) 爪
(8) ①13　②面　③三曲合奏

解説

1 (4) 段物では各段が104拍と定められている。
(5) 序破急は，能楽・連歌・香道・茶道など広く用い
られ，歌舞伎では伝統的な構成を指す。
(7) 生田流では「角爪」，山田流では「丸爪」が用い
られる。

音楽
19 歌舞伎「勧進帳」　　本冊 P.26

1 (1) かぶき踊　(2) ①舞踊　②演技
(3) ①立役　②女方(女形)　(4) ①隈取　②見得
(5) ①廻り舞台　②せり　③花道
2 (1) ①平泉　②勧進帳　③延年の舞
(2) ①長唄　②鳴

解説

1 (3) 歌舞伎の女形は「おやま」とも呼ばれる。
(4) 隈取は歌舞伎独特の化粧法で，赤色・藍色・茶色

などが用いられる。
(5) そのほか情景に沿った効果音などが演奏され
舞台下手の黒御簾がある。
2 (2) 鳴物は，囃子方が受け持つ笛や打楽器を指す。

音楽
20 アイーダ　　本冊 P

1 (1) ①イタリア　②ヴェルディ　③椿姫
(2) 総合芸術　(3) ①バレエ　②ミュージカル
(4) ①エジプト　②4　③ソプラノ　④テノール
⑤アリア
(5) トランペット
(6) ①フィガロの結婚　②カルメン
③トゥーランドット　④セビリアの理髪師
⑤タンホイザー
(7) ①合唱団　②オーケストラ　③舞台監督

解説

1 (2) オペラのほかに(3)にあるようにバレエやミュー
カルも総合芸術の1つ。
(4) 第2幕の「凱旋行進曲」は特に有名。
(6) ②恋に奔放な女性カルメンが主人公の悲劇。

音楽
21 魔王　　本冊 F

1 (1) ①シューベルト　②ゲーテ　(2) リート
(3) ①独唱　②ピアノ伴奏
(4) ①子　②父　③魔王　④4
(5) ①馬の疾走するイメージ　②父の不安
(6) 3連符　(7) ①お父さん　②高く
(8) ①ウィーン　②600
2 ア・エ(順不同)

解説

1 「魔王」はシューベルトの代表作の1つ。わずか5
ほどの作品の中に音楽と詩が融合した劇風ストーリ
が実現している。
(4) 「ファーテル」(vater)のほかにも「マイン ゾー
(私の息子)，「イッヒ リーベ ディッヒ」(お前
大好きだ)などのフレーズが聞き取れる。
(6) 曲の前奏で，3連符は「強い」という意味の記
フォルテでくり返される。これにより，馬が駆
ている様子を表している。
2 魔王は，初めは優しく，しだいに脅すように激しく
う。子どもは，終わりに向けて恐怖が強くなり，
だいに高い声で歌うのが特徴。

術分野

① 材料の性質
本冊 P.29

(1) C　　(2) B　　(3) A　　(4) A　　(5) B

(6) C

(1) 板目(材)　　(2) A

(1) 展性　　(2) 塑性　　(3) ①鋼　②ステンレス

①熱可塑性　②熱硬化性

> **解 説**
>
> ② (2) 樹木の樹皮側の面が木表となる。年輪の向きを考える。
>
> ③ (1)(2) 金属の特性は，展性・塑性のほかに弾性(力を加えても元に戻る性質)，延性(引っ張ると細く長く伸びる性質)などがある。展性・延性は塑性の一種といえる。

術分野

② 材料の加工技術
本冊 P.30

(1) ①けがき　②さしがね

(2) ①長手　②妻手　③直角

(1) A　　(2) B　　(3) B　　(4) A

(1) 切り代と削り代をとるため。　　(2) 横びき用

(3) B　　(4) ねじ

> **解 説**
>
> ② 両刃のこぎりは木質材に，弓のこは金属材に使用する。両刃のこぎりは引くときに切れ，弓のこは押すときに切れる。
>
> ③ (3) 木材のかたさや厚さによって，引き込み角度を適切に変えるとよく切れる。やわらかい板材や薄い板材では15°〜30°，かたい板材や厚い板材では30°〜45°と，かたく厚いほど角度を大きくする。

術分野

③ 構造を丈夫にする技術
本冊 P.31

(1) ①斜め材　②三角形　　(2) ①面構造　②材料

(3) 接合部

(1) B　　(2) A　　(3) C

4(倍)

> **解 説**
>
> ② Aは寺社仏閣や家屋の柱，Cは鉄骨や線路のレール，パイプなどである。
>
> ③ Aに比べて高さを2倍にすると，4倍の力に耐えられる。

技術分野

④ 製作品の構想・製図
本冊 P.32

1 (1) 等角図　　(2) 30°　　(3) 同じ割合

　(4) B　　(5) ①45°　②2分の1

2 (1) ミリメートル　　(2) 外形線

　(3) (例)隠れて見えない部分の外形を表す

　(4) ①直径4mmの円　②直径8mmのドリルで深さ10mmの穴をあけること(を表す)

> **解 説**
>
> 1 Bは第三角法による正投影図，Cはキャビネット図である。
>
> 2 (1) 製図の寸法はすべてミリメートルで表されるが，mmは記入しない。
>
> (2)(3) 外形を表す外形線(実線)と，隠れて見えない部分の外形を表す隠れ線(破線)が使われる。
>
> (4) φは，円形が図に表れない場合に使われ，直径を表す。

技術分野

⑤ 製作品の製作(問題解決の流れ)
本冊 P.33

1 (1) ①製作工程表　②工具　　(2) 部品表

2 ①けがき　②切断　③部品加工　④組み立て

3 (1) ①15×160×160　②15×160×130

　　③5.5×160×160

　(2) 592(mm)

> **解 説**
>
> 1 (1) 作業に必要なさしがね，両刃のこぎり，ねじ，げんのうなどの工具や，ベルトサンダ，卓上ボール盤などの機器を，すべて表に書き込む。
>
> 3 (1) 寸法は，厚さ×幅×長さで表す。
>
> (2) 160＋4＋160＋4＋130＋4＋130で計算する。

技術分野

⑥ 製作のための技能(木材)①
本冊 P.34

1 (1) 基準面　　(2) さしがね

　(3) ①基準面　②外側

2 (1) 切断線　　(2) 仕上がり線

　(3) ①切り代　②削り代　③3〜5　　(4) B

> **解 説**
>
> 2 (3) のこぎりの幅があることから，切り代が必要になる。

7 製作のための技能（木材）② 本冊 P.35

1 (1) C (2) A (3) D (4) E (5) B

2 (1) 台じり (2) かしら (3) 台がしら

3 (1) ドリルチャック (2) クランプ (3) 手袋
(4) 捨て板

解説

2 (1) かんなの刃先は，したば面から0.05～0.1mmほど
出ているのがよい。

3 卓上ボール盤は，防じんマスクを使用する。捨て板は，
通し穴をあける際にドリルで割れないようにするため
に敷く。

8 製作のための技能（木材）③ 本冊 P.36

1 (1) 仮組み立て (2) けがき
(3) ①四つ目ぎり ②下穴

2 ①平らな面 ②曲面

3 ウ

4 (1) B (2) ア × イ × ウ ○

解説

3 一列に複数のくぎを打つ場合，はじめに端のものから
打ち，次は反対のほうの端のくぎを打つ。

4 塗装の際，はけは木材の繊維方向に沿って動かす。端
の角からはけを付けて塗ると塗料が角から垂れること
があるため，板の端から中ほどへ入ったところにはけ
を下ろし，角のほうへ動かす。角に来たら，塗り終わ
りのはけは，斜め上の方向へ動かすようにする。

9 製作のための技能（金属・プラスチック）① 本冊 P.37

1 (1) けがき針 (2) O (3) 油性 (4) 鉛筆
(5) センタポンチ

2 (1) （板材の）厚さ
(2) 長めのパイプをかぶせて曲げる
(3) 外側になる面

3 (1) ア (2) イ (3) ア

解説

1 金属にけがく際は塗装やメッキをはがさないようにす
る。センタポンチは，金属板に穴をあけるときにドリ
ルの先端が逃げないようマーキングする工具。

2 (1) 曲げる外側には部品の厚さ分が加わる。
(3) 折り曲げたときに外側になる面を加熱したら，工
作台の角などに，その加熱した側を外にしてあて
て折り曲げる。

10 製作のための技能（金属・プラスチック）② 本冊 P.3

1 (1) パテ (2) 研磨紙 (3) アルコール
(4) 下地塗料 (5) マスキングテープ

2 A はけ塗り B 吹き付け塗装 C 浸し塗り

3 (1) イ (2) エ (3) ウ (4) ア

解説

1 (5) マスキングテープは塗らないでいいところを塗
ないように保護するためのテープ。粘着力が弱
ので，もとの材料に過度に接着することがなく
安全にはがせる。

3 (1) 耐候性とは，材料が太陽光や風雨，温度変化な
の気候変化に耐久性があり，変質や劣化を起こ
にくいという性質。屋外に用いる建築材料に求
られる。

11 これからの材料と加工の技術 本冊 P.

1 (1) 環境 (2) ①必要性 ②廃棄 ③耐久性

2 (1) ①木材 ②短縮 ③集成材 ④強度
(2) ①直角 ②コンクリート

3 (1) ウ (2) ア (3) イ

解説

2 CLTを建築材として利用するときの安全性や利用
法を実験・検証していけば，将来，木材を中心とし
高層建築ができるともいわれる。

12 生物育成の技術の原理・法則と仕組み 本冊 P.

1 (1) ①食料の生産 ②健康・医療など
③材料・燃料の生産 ④自然環境の保全
(2) ①材料・燃料の生産 ②自然環境の保全

2 (1) ①日照 ②水 ③育成環境
(2) ①肥料 ②管理 (3) 改良

解説

2 (3) 品種改良といわれる技術である。

13 作物の栽培技術① 本冊 P.

1 (1) 生物環境 (2) 土壌環境 (3) 気象環境

2 ①団粒構造 ②通気性 ③水分

3 (1) エ (2) イ (3) ア (4) オ (5) ウ

4 (1) ①二酸化炭素 ②水
(2) ①窒素（N） ②リン酸（P） ③カリウム（K）

(3) ①油かす　②化成肥料

窒素（N），リン酸（P），カリウム（K）は，植物の成長に必要な養分で，肥料の三要素といわれる。窒素（N）は，茎や葉，根を作る。リン酸（P）は，花や果実，新根など成長が盛んなときの発育に必要である。また，カリウム（K）は，光合成を盛んにして，果実や根の成長を助ける。

技術分野
作物の栽培技術②
本冊 P.42

(1) ①小さく　②ミニトマト　③移植
　　④（例）ダイコン　⑤大きい
(2) A　ウ　B　イ　C　ア
(1) イ　　(2) ア　　(3) ウ

セルトレイまきは，種が小さく，すぐに成長しない植物に用いる。子葉と本葉が出て根が数本伸びてきたら，ポットに移植・定植する。種が大きくすぐに成長する植物は初めからポットまきをする。ポットまきをするのは，ピーマンやエダマメなど。

技術分野
作物の栽培技術③
本冊 P.43

(1) 窒素（N）過多　　(2) 窒素（N）欠乏
(3) 水分過多　　　(4) リン酸（P）欠乏
(5) マグネシウム（M）欠乏
(6) カルシウム（Ca）欠乏
ア
(1) 元肥　(2) 摘芯　(3)（例）一番果に栄養が集中して，生育のバランスが崩れる。

日々観察することで栄養不足などに気づく。葉がしおれるのは水不足だが，節間が伸びて実の付きが悪いのは水分過多。
間違った誘引では，茎が絞まり，養分や水分の流れを妨げてしまう。
(2) ほかに，摘芽といって，わき芽を横に曲げて付け根から摘み取り，茎の先端部の成長を促す方法もある。

技術分野
生物育成の技術
本冊 P.44

(1) 家畜　(2) 品種改良　(3) ①給餌　②管理
(1) 養殖　(2)（例）完全養殖では人工生産の稚魚を，不完全養殖では天然産の稚魚を種苗として育てる。
(3) ①安定的　②給餌　③生態系　④水質　⑤健康

---

3 (1) ①植林　②枝打ち　③間伐材　④主伐
(2) ①酸素　②土砂災害　③持続可能

1 人が利用するために飼育する家畜には，ウシ・ブタ・ニワトリ・ヒツジ・ウマ・ヤギなどがある。飼育の管理技術は改善されているものの，昨今は動物福祉の観点から，飼育に伴う苦痛を減らしてストレスのない生活をさせるべきとの考え方が広まっている。
2 魚の育成には，次のようなポイントがある。魚の健康状態，成長の状況，給餌，水質・水量・水温，給水・排水・エアレーションの状況など。

技術分野
17 生物育成の技術による問題解決
本冊 P.45

1 (1) ①植物工場　②温室
(2) ①季節　②消費者　③農薬　　(3) 費用
2 (1) ①減少　②耕作地　③海外
(2) ①品質　②収量　③安全性
　　④環境への配慮　⑤費用
(3) ①（例）育成計画が適切であったか。
　　②（例）管理作業が適切であったか。

1 植物工場は，農業従事者の減少や高齢化という問題の解決につながる可能性がある。
2 農業従事者の高齢化や後継者不足，安価な作物の輸入など，国内農業を継続するための課題は多い。各地で受け継がれてきた伝統野菜の栽培など，将来性を踏まえた見直しが行われている。また，自家栽培が行われてきた在来種や固定種は継続して自家栽培ができるが，新種に関しては登録が必要である（種苗法）。作物育成に関してはこの点も考慮する必要がある。

技術分野
18 これからの生物育成の技術
本冊 P.46

1 ①害虫　②収量　③省力化　④費用　⑤環境
2 (1) スマート農業　(2)（例）省力化・コスト削減
3 (1) ア・ウ・オ
(2) ①評価　②持続可能性　③品質　④安全・安心

2 (2) ほかに，安定的な供給，品質の向上，農薬の減少，生物被害がない，などでもよい。
3 野菜やコメ，果樹などの生産者は，GAP導入により，生産工程での農薬や肥料の使用について記録や点検・評価を行う。GAP認証が取れれば，それによって生産された作物が消費者に安心をもたらすことになる。

技術分野 19 エネルギー変換の技術の原理・法則と仕組み
本冊 P.47

1 (1) ①電気　②光　③エネルギー変換

　 (2) ①石炭　②風力　③ウラン　　(3) 電気

2 (1) エネルギー損失　　(2) エネルギー変換効率

　 (3) 水力発電

3 (1) 電磁誘導

　 (2) ①運動　②電気　③電気　④運動

解説

1 (1) 電気のエネルギー変換には，
　○電気→光(照明)　○電気→動力(電車)
　○電気→熱(ストーブ・電熱機器)
　○電気→信号(音楽)　などが挙げられる。

技術分野 20 エネルギー資源の利用
本冊 P.48

1 (1) 発電所　　(2) ①化石燃料　②再生可能

2 ①プラス面　イ　　マイナス面　ウ

　 ②プラス面　コ　　マイナス面　キ

　 ③プラス面　オ　　マイナス面　ア

　 ④プラス面　カ　　マイナス面　ケ

　 ⑤プラス面　エ　　マイナス面　ク

解説

1 化石燃料や核物質などのエネルギーを利用したもの
も，水力・風力など再生可能エネルギーを利用したも
のも，発電は発電所で行われる。

技術分野 21 電気の利用①
本冊 P.49

1 (1) A　　(2) ①発電機　②向き　③時間

　 (3) ①変圧　②高く　③発電所

2 (1) ①送電　②配電　③消費量

　 (2) 100Vか200V

解説

1 (3) 発電所から次のような順で電圧を下げて家庭に電
気を送っている。発電所→超高圧変電所→一次変
電所→中間変電所→配電用変電所→柱上変圧器
(電柱)→各家庭

技術分野 22 電気の利用②
本冊 P.50

1 (1) ①直列　②並列　③暗く　④変わらない

　 (2) ①負荷　②電源

　 (3) ①⊗　②—／—

2 (1) ①ショート(短絡)　②漏電

　　 ③ブレーカ(遮断機)　　(2) アース線

3 (1) 電源プラグを抜く　　(2) トラッキング現象

解説

1 豆電球(負荷)が直列だと，豆電球1個と比較して明
さは暗くなるが，並列では明るさは変わらない。一方
電池の直列・並列を比較すると，直列では電池1個
比べて明るくなるが電池の減りは速い。並列では，
池1個と比べて明るさに変化はなく，電池のもちも
倍になる。

2 (2) 漏電するとアース線に電流が流れるので，感電
防ぐことができる。

3 電源プラグの先端の丸い穴は，コンセントの中の突
とかみ合う仕組みになっている。

技術分野 23 運動の利用
本冊 P.

1 (1) ①エネルギー変換　②エネルギー損失

　 (2) ①速度伝達比　②回転力

2 (1) リンク機構

　 (2) ①クランク(回転節)　②てこ(振動節)

　 (3) カム機構

3 (1) ①共通部品　②ばね　　(2) 保守点検

　 (3) ①10　②10　③ロックナット

解説

1 機械の運動には，直線運動・回転運動・揺動運動な
がある。例えば，自転車ではペダルをこぐ揺動運動
クランクで回転運動に変わる→チェーンでタイヤに
動が伝わる→走行，という運動の伝達が行われる。

2 (2) 回転運動を往復直線運動に変えるものの具体例
は，からくり人形やオルゴールがある。

3 (3) 自転車の保守点検では，ハンドル・サドル・ペ
ルにがたつきがないかなども点検したい。

技術分野 24 エネルギー変換の技術による問題解決
本冊 P.

1 (1) ①化石燃料　②再生可能エネルギー

　 (2) ①出力エネルギー　②入力エネルギー

2 (1) ○　　(2) ○　　(3) ×

3 (1) 充電池　　(2) 制御　　(3) 環境

解説

1 エネルギー変換効率(%)＝使用目的に利用されるエ
ルギー(出力エネルギー)÷供給されるエネルギー(
力エネルギー)×100　エネルギー変換効率をどんな
高めていっても100%にする，つまりエネルギー損
を全く失くすことはできない。

2 (3) 化石燃料は石油・石炭・天然ガスなどをいう。
用すると二酸化炭素を排出するので，地球温暖

に影響するといわれる。

3 使用目的・使用条件にかなうように設計要素(電源―制御―負荷)のそれぞれについて検討する。

5 これからのエネルギー変換の技術　本冊 P.53

(1) ①使いやすさ　②廃棄　③省エネルギー性
　　④経済性
(1) ①負担軽減　②省スペース化
(2) ①省力化　②生産効率　(3) ドローン
(4) 手術支援
①B　②A　③C

解説

2 ロボット技術の利用例として、室内掃除機はすでに一般化されている。
　　(3) 建造物の高度や状況によって人にはリスクが高い場所で作業するにはドローンが最適である。
　　(4) 手術支援ロボットは一部実用化されている。
3 リチウムイオン電池はリチウムイオンが移動することで充放電ができる電池をいう。大容量の電力を蓄えられ、現在パソコンや携帯電話、産業用ロボットのほか、電気自動車にも使われる。

6 情報の技術の原理・法則と仕組み　本冊 P.54

(1) ①エ　②コ　③オ　④キ　⑤イ　⑥ク
(2) ①ウ　②ケ　(3) ①ア　②カ
(1) ①アナログ　②デジタル
(2) ①B・C　②A・D

解説

1 コンピュータの情報技術には、入出力機能・記憶機能・演算・制御機能がある。こうした機能を行う装置をハードウェア、コンピュータを動作させるプログラムをソフトウェアと呼ぶ。
2 (1) アナログ情報をデジタル情報へ変換することを「デジタル化」という。
　　(2) Aはデジタル温度計、Bはアナログ温度計、Cはアナログ時計、Dはデジタル時計である。

情報とコンピュータの仕組み　本冊 P.55

(1) ①インターネット　②LAN
(2) ①サーバ　②ルータ　(3) IPアドレス
(1) ①0と1　②デジタル情報
(2) bit［ビット］
(3) ①8　②1,024　③1,024　④テラバイト

3 (1) 命令の形　(2) プログラム言語　(3) 順次

解説

1 (1) LAN(ローカルエリアネットワーク)は、室内や建物内のコンピュータをハブや無線LANルータなどでつないだネットワークをいう。サーバはサービス提供するソフトウェアやコンピュータ。メールサーバ、ファイルサーバ、wwwサーバなどがある。
2 (2) 8 bitは、半角英数字1文字分の情報量である。

28 情報の表現と伝達　本冊 P.56

1 (1) ピンチイン　(2) タップ　(3) スワイプ
　　(4) ピンチアウト
2 ①ア　②ウ　③キ　④オ　⑤イ　⑥カ　⑦エ
3 (1) ①www　②サーバ　(2) ①メディア　②商品
　　(3) 暗号化

解説

2 URL(ユニフォーム リソース ロケータ)は、世界中のサーバに保存されているファイルと送信方法を示す記号である。webページの識別などに用いられる。
3 webページを閲覧するためのソフトウェアを「ブラウザソフトウェア」、webページの中から見たいページを検索するときに使うシステムを「検索エンジン」という。

29 情報セキュリティと情報モラル　本冊 P.57

1 (1) 情報セキュリティ
　　(2) ①パスワード　②認証システム
　　(3) ①ファイアウォール　②不正アクセス
　　(4) ①セキュリティ対策ソフトウェア
　　　　②フィルタリング
　　(5) バックアップ
2 (1) ①情報モラル　②産業財産権
　　(2) ①知的財産　②著作権
　　(3) ①特許権　②商標権

解説

1 情報セキュリティのために認証システムは欠かせないが、ユーザIDやパスワードの管理も重要。いくつものインターネットサービスで同じユーザIDを使い回すと、ひとたび流出した際に複数の被害を受けることになる。サービスごとに異なるIDを使うことが理想的である。
2 (2) 著作権では、文章やイラストの利用に、作者本人の許可が必要。写真も無断で使用すると、肖像権の侵害になる。
　　(3) 産業財産権には、特許権・商標権・実用新案権・意匠権がある。

技術分野

30 双方向性のあるコンテンツのプログラミングによる問題解決　本冊 P.58

1　(1) ①動画　②コンテンツ　③応答
　　④双方向性のあるコンテンツ
　(2) ①プログラム　②データ量
2　(1) 伝わらない　　(2) ①伝わりやすい　②時間
　(3) ①変化　②時間
3　(1) ①防災マップ　②避難ルート
　(2) 予約システム

解説

1　双方向性とは，入力に対して応答する機能のこと。コンピュータ間の情報のやりとりや，インターネットでの検索などを指す。双方向性を実現させているのはプログラムである。課題解決のためにはコンテンツを構想する必要がある。その際，作りたいコンテンツのイメージを明確にするために絵コンテで具体化させる。文字・音声・動画・静止画などメディアをどう組み合わせるかも検討する。
3　(1) 緯度・経度を入力すると地図が表示されるコンテンツが利用できる。

技術分野

31 計測・制御のプログラミングによる問題解決　本冊 P.59

1　(1) ①計測すること　②動作させること
　(2) ①インタフェース　②アクチュエータ
　(3) フローチャート
2　①検討　②プログラム　③修正
3　①3　②くり返し

解説

1　センサで計測したアナログ情報は，インタフェースでデジタル信号に変換されてコンピュータに伝えられる。コンピュータの命令はインタフェースでアナログ信号に変換され，アクチュエータに伝えられて動作する。
3　フローチャートは情報処理の手順を示す規定のマークを用いて表す。ライトの点灯・消灯が3回くり返されたのち，仕事が終了する。

技術分野

32 社会の発展と情報の技術　本冊 P.60

1　(1) ①産業　②変化　　(2) セキュリティ
　(3) 想定外　　(4) 問題解決
2　(1) ×　　(2) ○　　(3) ○　　(4) ×
3　(1) ①顔検出　②顔照合　　(2) 自ら　　(3) 動画

解説

1　社会の問題を情報の技術によって解決しようという試みは広く行われている。例えばwebページから商品を

購入したいとき，URLを入力すれば，いつでもサイトの最新情報に触れられる，サイトの再訪者を判別してその人向きの情報を提供してくれるなど，セキュリティの安全性を踏まえた利用が可能になっている。
2　(1) AI（人工知能）を搭載した機器により作業の効率化が図られるなど，人間の労働環境が改善されている。
　(4) 自動運転自動車の事故を想定すると，AIが責任を取るというより，事故に関わる法律や自動車保険などの社会制度そのものの見直しが課題となる。

家庭分野

1 食事の役割／健康に良い食習慣　本冊 P.6

1　(1) 食習慣　　(2) バランスの良い食事
　(3) A　生活　B　体　C　触れ合い
2　(1) ①過食　②偏食　　(2) ①糖分や脂肪　②塩分
　(3) 生活習慣病　　(4) 食生活指針

解説

1　(3) 食事の役割には，単に栄養をとって体を養うだけでなく，生活のリズムをつくったり，伝統的な食事を知ったりすることも含まれる。複数で食することで互いに触れ合う機会となるのも役割の1つである。
2　中学生に必要な食事摂取基準は，エネルギーで男子が2,600キロカロリー，女子が2,400キロカロリーである。年代に応じた基準を上回ると過食となり，肥満の原因となる。

家庭分野

2 栄養素の種類と働き　本冊 P.6

1　①炭水化物　②たんぱく質　③無機質
　④エネルギー　⑤組織　⑥調子
2　(1) 栄養素　　(2) ①鉄　②必須アミノ酸
　(3) ビタミンD　　(4) ①食物繊維　②ぶどう糖
　(5) 水

解説

1　主にエネルギーになるのは炭水化物と脂質だが，脂質は細胞膜など人体の構成成分にもなる。また，無機質は食品に含まれる量は少ないが，体をつくるとともに体の調子を整える。
2　(2) 鉄は血液をつくるもととなり，不足すると貧血になりやすい。

家庭分野

3 献立と食品の選び方　本冊 P.6

1　(1) ①献立　②主食　③副菜
　(2) ①主菜　②食物繊維

(1) ①カ　②キ　③ア　④エ　⑤イ　⑥オ　⑦ウ
　　⑧ク

(2) B

解説

□ バランスの良い献立は，たんぱく質などの供給源である主菜，炭水化物の供給源である主食のほかに，ビタミン・無機質・食物繊維を補う副菜，汁物がそろうこと。

□ (1) 加工食品を選ぶ際には，消費期限と賞味期限を区別して確認すること。食品添加物を使用する目的は，保存性の向上や風味・外観の向上などだが，使用にはさまざまな基準が設けられている。また，食物アレルギーの原因物質の表示や，遺伝子組み換え食品の表示も義務付けられている。

さまざまな食品とその保存　本冊 P.64

(1) ①室温　②冷凍庫　　(2) 品質

(3) ホームフリージング

①ウ　②エ　③ア　④イ

(1) 食中毒　　(2) ①−15℃　②75℃

(3) ①アニサキス　②植物性自然毒　③ぶどう球菌

解説

□ 室温で保存する野菜類も，種類によって暗い所，風通しのよい所と保存場所を選ぶ。ホームフリージングでも，食品に合った形状や包装で冷凍すると風味が落ちず，解凍時にも使いやすい。

□ 冷蔵庫のパーシャル室は，−3℃程度で食品を半凍結させるので，凍りすぎるのを防ぐ食品の保存に適している。

□ (3) 細菌に注意したいものとして，大量に調理されたカレーや弁当などの加熱調理食品（ウェルシュ菌），肉や卵（サルモネラ属菌），とり肉（カンピロバクター）などがある。

日常食の調理①　本冊 P.65

(1) ①献立　②廃棄率　　(2) 旬[出盛り期]

(3) ①ゆでる　②調理法

(1) ①エ　②キ　　(2) オ　　(3) イ

(4) ①ウ　②ア

(1) 弱い　　(2) 水　　(3) エコクッキング

解説

□ 地産地消（その土地で生産されたものを地元で消費する）なら，消費者にとって安全で親しみのある生産物が入手でき，生産者にとっても流通経費が省けるうえ，少量生産や規格外生産も可能となる。

□ 献立によって肉類も適切な種類や部位があるので使い分けたい。

□ (2) 褐変は，切り口が空気に触れることにより褐色に変色することで，すぐに水につけると防げる。りんごやバナナでも起こる。

6　日常食の調理②　本冊 P.66

1 (1) ①冷蔵庫　②手　③包丁

　(2) ①燃えやすい　②立ち消え

2 (1) 15　　(2) しょうゆ　　(3) くし形切り

　(4) ①中高　②左　　(5) 汁物

解説

1 (2) 油は加熱しすぎると発火するので，火加減に注意する。

2 (2) 調味の「さしすせそ」とは，1文字ずつ調味料を表し，さ＝砂糖，し＝塩，す＝酢，せ＝しょうゆ，そ＝みそのこと。料理をするときに「さしすせそ」の順番で加えると味付けがうまくいくといわれている。

7　地域の食文化　本冊 P.67

1 (1) ①地産地消　②生産過程　③食材

　(2) 伝統野菜　　(3) 郷土料理

2 (1) 行事食　　(2) ①エ　②オ　③コ　④サ　⑤キ

　(3) ①山形（県）　②富山（県）　③熊本（県）

解説

1 郷土料理には，その土地の生産物が最も美味な状態で使われている。土地の伝統野菜などが用いられることが多い。

2 (2) ひな祭りのちらし寿司とうしお汁も広く食べられている行事食である。

　(3) いも煮は，里芋を主役にこんにゃく，きのこなどを入れた鍋料理で山形県の郷土料理。ます寿しは，ますを酢で味付けした押し寿司の一種で富山県の郷土料理。からしれんこんは，レンコンの穴に辛子味噌を詰め込み，黄色い衣を付けて油で揚げた熊本県の郷土料理。

8　衣服の活用　本冊 P.68

1 (1) ①調節　②清潔　　(2) ①気持ち　②慣習

　(3) 社会生活

2 (1) ①T.P.O.　②時間　③場所　④場合

　　　⑤コーディネート　⑥衣服計画

　(2) ①人に与える印象　②種類　　(3) 反対色

　(4) 採寸　　(5) ①色相環　②布

家庭分野
9 衣服の手入れ・洗濯　本冊 P.69

1 (1) ①洗剤　②温度
(2) ①しみ抜き　②ドライクリーニング
(3) ①植物　②動物
2 (1) ①家庭洗濯　②40　③手洗い　④150
⑤アイロン
(2) ①合成洗剤　②柔軟剤　③陰干し　④平干し

解 説
1 (1) 衣服の繊維によって，洗剤や洗い方，アイロン温度などふさわしいものを選ぶことが，衣服を長持ちさせるコツである。
(2) ドライクリーニングは，衣服の組成表示や取り扱い表示に従い，水洗いできない場合に利用する。
2 洗剤は，環境への負荷を考えると天然油脂を用いたものがよいが，冷水に溶けにくいというデメリットもある。

家庭分野
10 住まいの役割と機能　本冊 P.70

1 ①危険　②健康　③家族　④家事作業
⑤個人生活　⑥浴室／トイレ
2 (1) 気候風土　(2) ①二重窓　②急こう配
(3) ①和式　②洋式
(4) ①和洋折衷　②良さ[住まい方]

解 説
2 季節や気候に合った住まい方ができるよう，土地によって住まいには工夫が施されている。高温多湿の地域では，特に風通しをよくして，日差しを遮る構造が工夫されている。

家庭分野
11 安全な住まい方　本冊 P.71

1 (1) 家庭内事故　(2) ①窒息　②溺死
(3) ①バリアフリー　②手すり
(4) ユニバーサルデザイン
(5) シックハウス症候群

2 (1) 防災
(2) ①固定する　②飛散防止フィルム　③身近
(3) 長期保存できる　　(4) 通電火災

解 説
1 家庭内事故は，乳幼児や高齢者のケースが多いが，槽での溺死については中学生世代が高齢者に次いで〔い〕い。
2 (2) このほか，2階建て以上の住まいでは，就寝に1階を使用しない，出入り口を確保できるよう家具の配置を考えるなどが必要になる。
(4) 通電火災は，大規模な地震などに伴って起きた〔停〕電が復旧する際に発生する火災。電気製品や配線〔等〕が通電時に発火して生じる。

家庭分野
12 私たちの消費生活　本冊 P.

1 (1) ①物資　②サービス
(2) ①契約　②販売者　③義務　(3) 無店舗販売
2 (1) ①オ　②ア　(2) ①ク　②エ
(3) ①イ　②キ　(4) ①ウ　②カ

解 説
1 消費生活には多様な契約が発生する。物の購買では〔売〕買契約が成立し，美容院で髪を切る・電車やバスに〔乗〕るなども契約の例である。契約が成立すると，消費〔者〕は代金を支払う義務と商品などを受け取る権利が生〔ま〕れる。また販売者には商品を渡す義務，代金を受け〔取〕る権利が生じる。
2 収入より支出が上回ると，計画的な消費生活ができ〔な〕いので，支出の優先順位を検討する必要がある。

家庭分野
13 責任ある消費者になるために　本冊 P.

1 (1) 消費者トラブル　(2) 悪質商法
(3) ①家庭　②フィッシング　③景品
(4) ①情報　②個人情報
2 (1) 8つの権利　(2) 消費者基本法
(3) クーリング・オフ制度

解 説
1 インターネットの普及やキャッシュレス化が進む〔な〕か，消費者トラブルも多様なものが増えている。例〔え〕ば，オンラインゲームのトラブルでは，ゲーム自体〔は〕無料と呼びかけていても，実際にゲームをするうち〔に〕アイテムを購入する必要が生じ，アイテム代金がかさ〔さ〕んでしまうなどのケースが生じている。被害を防ぐ〔に〕は，実際にどのような消費者トラブルがあるか情報〔を〕得ておくことがまずは必要である。
2 消費者は権利の主体なので，自ら必要な知識などを習〔得〕得するなど積極的な行動が求められる。

16 消費生活が社会に与える影響 _{本冊 P.74}

(1) ①化石燃料　②地球温暖化　(2) 影響

(3) ①28　②無駄な開閉

(1) ①1　②環境

(2) ①循環型社会　②リユース　③3R

(3) 持続可能な社会

(4) ①エシカル消費　②フェアトレード

解説

2 (3) 持続可能な社会とは，資源を循環させて使うとともにエネルギーの消費を減らすことで，次世代の人々も同じように豊かな自然の恵みを受けられる社会を実現しようという考え方に基づくものである。国連で採択されたSDGs（エスディージーズ）では持続可能な社会の実現に向けた17の目標を設定している。

(4) フェアトレードとは，開発途上国の原料や製品を適正な価格で継続的に購入することにより，立場の弱い開発途上国の生産者や労働者の生活改善と自立を目指す貿易の仕組みのこと。

私たちの成長と家族・地域 _{本冊 P.75}

(1) ①幼児期　②家族

(2) ①生活を営む　②精神的　(3) 継承する

(1) 収入　(2) ①家庭の仕事　②分担

(3) 介護　(4) 協力し合う

解説

人が生まれて成人するまで育ちながら過ごすのが家庭であり，家族のもとである。この営みを支えるために，家族は経済的な機能，子育ての機能，精神的な機能などを果たしていく。子が成人して独立すれば，そこからまた新たに家族・家庭の機能を開始していくわけである。

(2) 家庭の仕事は家族で分担するほかに，地域や自治体，企業などにも支えられる。

家庭生活と地域とのかかわり _{本冊 P.76}

(1) ①地域　②高齢者　③国籍　(2) 地域の人

(3) ①挨拶　②分別活動

(1) ①共生　②協働

(2) ①理解する　②コミュニケーション

(3) ①高齢者　②少子高齢社会　(4) 歩行

解説

地域社会を成り立たせている最小の単位は，家族・家庭である。他の家族・家庭とつながりを持つことが，

地域社会とのつながりを持つことに通じる。家庭の中に乳幼児から子ども，高齢者までがいるように，地域にも同様にさまざまな世代が暮らしているのである。

2 地域の人の中には昔から住み続けている家族・家庭もあれば，よそから転入してきた家族・家庭もある。学校を介して中学生世代がそうした人々どうしをつないでいくことも可能である。

17 幼児の生活と家族 _{本冊 P.77}

1 (1) ①②個性・個人差（順不同）　③大人　④乳児
　　⑤幼児　⑥児童　⑦1

(2) ①2　②5　　(3) ①転倒　②水分

(4) ①言葉　②自立心　(5) 自律心

2 (1) ①基本的生活習慣　②家族や周囲の人

(2) 社会的生活習慣

解説

1 乳幼児という言葉は，乳児（生まれてから1歳まで）と幼児（1歳から小学校入学まで）をまとめていう表現。中学生が接する機会が多いのは幼児なので，その身体的・精神的特徴を確認しておく。言葉が発達して自立心が芽生えると，やがて自律心も備わりはじめる。

2 幼児の運動能力・言語能力の習得には大きな個人差があるので，発達の早い遅いや事柄の得意不得意なども他と比較することなく尊重することが大切である。

18 幼児とのかかわり _{本冊 P.78}

1 (1) ①目線　②ゆっくりと　(2) 優しい

(3) 肯定　(4) 絵本を読む　(5) 安全

2 (1) ①短く　②束ねる　③アクセサリー　④施設側
　　⑤計画　⑥課題

(2) ①肩　②大声

解説

1 (5) 幼児は判断能力が低く，力の加減もわからないので，おもちゃは安全であることが最重要。ほかに，扱いやすい大きさで十分に使いこなせる種類や数であること，いろいろな使い方ができること，色彩や形がきれいなことなどもポイントになる。

2 幼児とのかかわり中に，幼児が転んだりケガをしたりしたら，必ず保護者や保育者に伝えること。

保健体育

1 運動やスポーツの多様性   本冊 P.79

1 (1) 必要性   (2) スポーツ基本法   (3)(例)登山

(4) 心身

2 (1) ①見る[観戦する]   ②本[書物]   ③支える

(2) インターネット

3 (1) 自分   (2) ①意欲的   ②空間

(3) ①健康   ②基準値   ③健闘   ④交流   ⑤体

解 説

1 (1) 体を動かすこと自体が楽しみであるとともに, 生きるための活動でもあるということ。

(2) スポーツ基本法は, 1961年の「スポーツ振興法」を全面的に改正したもの。

(3) その他にトレッキングやダイビング, カヌーなどもある。

2 関わり方がいろいろあるということは, 運動やスポーツがすでに生活に密着したものであるということ。

3 自分に適したスポーツを継続するためには, 自主的に取り組むことが必要。同時にスポーツを通して仲間と楽しみを共有することも大切である。

(3) 運動やスポーツには目的に応じた多様な楽しみ方がある。

2 運動やスポーツの効果・学び方・安全な行い方   本冊 P.80

1 (1) ①体   ②心   (2) ①ルール   ②マナー

2 (1) ①技術   ②技能   (2) 戦術

3 (1) ①〜③ウ・エ・オ(順不同)

(2) ①②ク・ケ(順不同)   (3) ア

(4) ①ス   ②サ   ③シ

解 説

1 心身の健康の保持のほかに社会性を養なうことが運動やスポーツの大きな効果である。グループでスポーツを楽しむことでストレスを発散し気分転換を図るのは, その両面の効果があるといえる。

2 (1) 技術や技能は学ばないと身につかない点が, 運動やスポーツのポイント。適切なやり方や練習を通してこそ身につけられる。

3 (1) 身体能力の発達に応じて, 運動の強さや持続する時間, また週に何回行うか, などの頻度を決める必要がある。

(2) 運動中の熱中症などは頻繁に報道されている。管理者に任せるだけでなく, 各自が注意して体調管理を図るべきであろう。

(3) 自分の体温や心拍数を測ることも大切。また, 施設や用具の安全点検も不可欠である。

(4) 準備運動や整理運動は, 運動自体の強度に沿って内容が考慮される必要がある。運動を始める心の準備や, 運動後の筋肉のケアも踏まえたものといえる。

3 文化としてのスポーツの意義   本冊 P

1 (1) ①活性化   ②自信   (2) スポーツ

2 (1) ①教育   ②倫理   (2) ジュニア

(3) メディア

3 (1) カ   (2) エ   (3) ア

解 説

1 (1) 団体で行うスポーツではもちろん, 個人で行うスポーツでも豊かな交流は生まれる。つまり, 他手との記録の競い合いを通して互いに切磋琢磨る交流や, 健闘をたたえ合う交流である。

2 国や人種, 年齢や性別, 障がいの有無などを超えた様性のもとで行われる祭典としてオリンピック・パリンピックの役割は大きい。

3 プロ・アマチュアにかかわらず, 豊かな交流が図らることで互いの結び付きを強められるのがスポーツ文化的意義である。

4 体つくり運動①   本冊 P

1 (1) ①高める   ②ストレス   ③肉体

(2) ①ストレッチング   ②エアロビクス

(3) ①けが   ②疲れ   ③アキレス腱

(4) ①心肺   ②有酸素

2 ①健康   ②運動やスポーツ   ③食生活   ④肥満

解 説

1 (2) 柔軟性や持久力など運動から得られる体力を理する。

(3) 体が巧みに動くようになると, 無駄な動きも少くなり, 疲れも減少する。

2 食生活と体力向上保持との関係を理解する。特に肥は生活習慣病にもつながるので, 適切な運動と食生の改善は体力保持のために必要である。

5 体つくり運動②   本冊 F

1 (1) ①②力強さ[筋力]・粘り強さ[持久力](順不[

(2) ペアストレッチング

(3) ①バランス   ②(例)鉄棒

(4) ①水泳   ②縄跳び

2 (1) ①イ   ②ウ   ③ア   ④ク   ⑤キ

(2) ①カ   ②ア   ③ウ

解 説

1 体つくりの課題は一人ひとり異なるので, 体力テなどで自分の総合的な体力を調べながら, 不足しる力を補うとよい。体力は, 柔軟性・技巧性・力強

粘り強さの4つの観点から確認できる。「体がかたい」「すぐ疲れる」などの日常的な気づきからも自らの体力を見直すことができる。

2 (1) それぞれの運動の目的を知って，体力の向上計画を記録などから立てるとよい。⑤50m走では，スピードのレベルが確認できる。

(2) ハンドボール投げは巧みな動きをチェックできるとともに，筋パワーも測れる運動である。

7 陸上①

本冊 P.84

(1) ①400　②3,000　　(2) クラウチング・短

(3) ①3　②スタンディングスタート

(4) ①手前につく　②前足

(5) ①フライング　②失格

(6) ①セパレート　②腰　　(7) 胴の一部

解説

1 (1) 長距離走には，5,000m，10,000m，ハーフマラソン(21.0975km)，フルマラソン(42.195km)，ウルトラマラソン(フルマラソン以上の距離)，駅伝競走などがある。

(2) クラウチングスタートは，手をスタートラインの手前に置き，利き足を前，反対の足を後ろにセットする。スターティングブロックが用いられる。

(5) 2010年にルールが改正され，国際陸連の大会における混成競技以外のトラック種目では，1回目のフライングで失格となる。

(6) スタートダッシュから加速疾走にかけては，速度を増していくので全力疾走ではない。次の中間疾走で最高速度で疾走する。フィニッシュに向けてはいかに減速疾走をするかが走り切るコツと言われる。

(7) ゴール間際でランナーが胸を張る姿勢を取るのは，ゴールラインに胴の一部が達したらフィニッシュとなるためである。

陸上②

本冊 P.85

(1) ①下から渡す　②落とさない　　(2) 高い位置で

(3) ①テイクオーバーゾーン　②30

(4) 助走線　　(5) 4

(1) ①110　②10　③9.14　④インターバル
　⑤前傾姿勢　⑥ハードリング　⑦3

(2) ①○　②×　③×

解説

(2) 現在，バトンパスは腰の位置で次走者の手に渡す方法が主流。

(3) それまでの20mから30mに変更された。

(1) ハードル走では男女で距離などの違いがある。総距離は，男子110m，女子100m，ハードル間の距離は男子9.14m，女子8.00m。ハードルの高さも

中学生では男子91.4cm，女子76.2cmと違いがある。

8 陸上③

本冊 P.86

1 (1) ①反り跳び　②かがみ跳び

(2) ①○　②×　③○　④×

2 (1) ①3　②リズミカル　③背面跳び　④はさみ跳び

(2) ①できる　②順位　③同記録　④時間

解説

1 (1) 反り跳びでは，振り上げた足を前方に投げ出す形で着地する。かがみ跳びでは，両足をそろえて着地する。

2 (1) はさみ跳びは，バーを足ではさむようにして跳び越すが，振り上げるのはバーに近いほうの足。また，両足でバーを踏み切ると，試技は無効となる。

(2) ④競技者が4人の場合は，合図から1分以内に，競技者が2〜3人の場合は1分30秒以内に試技を行わなければいけない。

9 器械運動

本冊 P.87

1 (1) ①巧技　②切り返し　　(2) 倒立

2 ①ウ　②ア　③イ　④エ

3 (1) ①前方　②低く　　(2) 高く

解説

1 (1) マットに体を接触させて回転するのは，最初は難しいので，接触部分を少なくして揺りかごのように揺れる練習から始める。

(2) 倒立は，最初は介助者をつけて練習するとよい。

2 ①開脚前転では，おへそをのぞき込むようにして回転するのがコツ。②後転倒立では，手のひらをしっかりつくことがポイント。④伸膝前転では，腹筋に力を入れて支えながら行うのがコツである。

3 (2) 台上前転では，踏み切り板を強く蹴って台の手前に手をつき，腰の位置を高くすること，頭の後ろを台につけて背中を丸めて回転することがコツ。

10 水泳

本冊 P.88

1 (1) ①平泳ぎ　②クロール

(2) ①ドルフィン　②両手

(3) ①クイックターン　②フリップターン

(4) ①タッチターン　②15　　(5) バケットターン

(6) ①甲　②小指　　(7) フォルススタート

2 バタフライ→背泳ぎ→平泳ぎ→自由形

解説

1 (1) 平泳ぎでは，手のひとかき，足のひと蹴りの間に

15

頭の一部が水上に出なければならないというルールがある。
(3) スピーディーに回転できるのはクイックターン。フリップターンは熟練が必要といわれる。
(7) スタートはすべて1回制である。フォルススタートの判定を受けると，選手はその場で失格となる。
2 個人メドレーの泳法順は，①バタフライ→②背泳ぎ→③平泳ぎ→④自由形。

保健体育
11 バスケットボール 本冊 P.89
1 (1) ①5 ②10
(2) ア チェストパス イ ショルダーパス
ウ オーバーヘッドパス
(3) ①カットインプレイ ②速攻 ③ピボット
(4) ①イ ②カ ③ア

解説
1 (2) バスケットボールのパスには，胸の位置から投げるチェストパス，片手で肩上から振りかぶって投げるショルダーパス，両手で頭上から投げるオーバーヘッドパスなどがある。
(3) ①このとき垂直に飛び上がって行うシュートをジャンプシュートという。
(4) マンツーマンディフェンスは防御する相手を決めて守る方法。ゾーンディフェンスは決められた区域を守る方法。

保健体育
12 サッカー 本冊 P.90
1 (1) ア センターサークル イ タッチライン
ウ ゴールライン エ ペナルティエリア
(2) ①イ ②ウ ③エ ④ア
(3) ①11 ②ゴールキーパー ③フットボール
④ワールドカップ ⑤オフサイド ⑥間接
⑦直接 ⑧間接 ⑨3

解説
1 サッカー競技を行う場はフィールド，またはピッチと呼ばれる。
(1) センターサークル内に相手選手が入っている場合はキックオフはできない。ペナルティエリア内でだけゴールキーパーはボールを手で扱える。
(2) 足の甲を使うインステップキックは，ボールにインパクトを与えて遠くに飛ばしたいときに用い，基本的なキックであるインサイドキックは短い距離でパスをする際に有効。特に遠くへ飛ばしたいときにはロングキックがふさわしい。
(3) 相手を手や体で押す行為は，直接フリーキックの対象となる。

保健体育
13 バレーボール 本冊 P
1 (1) ①6 ②2 ③2
(2) ①サービス ②トス ③ブロック ④三段攻
(3) ア エンドライン イ サイドライン
ウ アタックライン
(4) Aクイック (5) ローテーション
(6) ①オーバーハンドパス ②アンダーハンドパ

解説
1 (1) 5セットマッチの試合では，先に3セットを取ったチームが勝者だが，2対2で5セット目に入ったときは，15点先取のチームが勝者となる。
(2) アタックは，サーブとブロック以外の，相手にボールを向けたすべてのプレーのこと。
(4) セッター正面からやや離れた場所で行う速攻はクイックと呼ぶ。クイック攻撃はA～Dの4種があるほか，1人時間差，移動攻撃，バックアタックなど多彩な攻撃がある。

保健体育
14 柔道 本冊 P
1 (1) 自然体 (2) 受け身
(3) ①大外刈り ②体落とし
(4) ①本けさ固め ②横四方固め
(5) ①捨て身 ②巴投げ
2 (1) ①抑え込み ②技あり ③一本
(2) 2 (3) くずし

解説
1 (1) 自然体のなかでも，左肩や左足を前に出す姿勢を「左自然体」と呼ぶ。
(2) 受け身の基本がしっかり身についていると，ケガを防止できる。特に高い位置から投げられる際は，受け身が重要になる。
2 (1)(2) 投げ技での「一本」や，固め技での「参った」などの発声で勝負がつく。「技あり」を2回取ると「一本」と判定される。
(3) 投げ技に入る前に，相手の体の重心をずらして勢不利に持ち込むことを「くずし」と呼ぶ。

保健体育
15 剣道 本冊 P
1 (1) ①柄 ②剣先 ③つば (2) 交差する
(3) 中段の構え
2 (1) ①正面打ち ②小手打ち ③胴打ち ④払い
(2) ①2 ②1 (3) 応じ技 (4) 送り足

解説
1 (1) 柄の先端は「柄頭」，「つば」を止める部分を「

ば止め」と呼ぶ。
(2) 「間合い」とは，自分と相手の距離のこと。
(3) 中段の構えは剣道の構えにおいて，最も重要なものであり，攻撃にも防御にも適した基本的な構えといえる。
] (1) 相手の竹刀を払いあげて打つ払い技は，相手が動く前に隙をついて攻撃するしかけ技の1つ。
(2) 2人以上の審判員が「有効打突」と認めた場合に「一本」となる。
(3) 相手が打ち込んでくる力を利用して，かわしたり攻撃したりする技を応じ技と呼ぶ。

体育
ダンス
本冊 P.94

(1) ①ステップ　②民族舞踊
(2) ①トゥシューズ　②はだし
(3) ①リフト　②ユニゾン　③カノン
(4) ①LOD　②逆LOD
(5) ①イスラエル　②シングルサークル
(6) ①アメリカ　②バルソビアナ　　　(7) ウ
(8) プロムナードポジション

解説
(1) 社交ダンスの起源が中世ヨーロッパの宮廷舞踊であるのに対し，世界各地で伝えられてきた民族色の濃いものが，フォークダンスである。
(2) バレエの起源はルネッサンス期のイタリアで貴族の舞踏会を源とするが，その後，フランスでバレエ文化として発展，19世紀にはロシアで成熟した形となる。
(4) たとえば「マイムマイム」では逆LODで進みながら踊る。
(5) 男女が交互に並び，一重の輪をつくる形がシングルサークル，二重の輪がダブルサークル，女子の輪，男子の輪，女子の輪と三重になるのがトリプルサークルである。
(6) 「バルソビアナポジション」のほかに，女性が両手を男性の肩に置き，男性が女性の腰に両手を添える「ショルダーウエストポジション」もある。
(7) オクラホマミクサーのように，男女が肩越しに右手どうし，左手どうしをつなぐ形を「バルソビアナポジション」という。
(8) プロムナードポジションは，男女が同じ方向を向き，右手どうし左手どうしを交差させてつなぐのが特徴。

体育
体の発育・発達
本冊 P.95

(1) 思春期　　(2) ①2　②80
(3) ①一般　②生殖腺
(1) ①循環器　②呼吸器　　(2) ①肺胞　②酸素
(3) ①吸気　②呼気　　(4) ①減少　②増大

---

(5) ①骨量　②20～30
(6) ①思春期　②運動　③促進

解説
1 体の各器官の発育・発達には特徴があるが，時期や程度には個人差がある。
(1) 胸腺などのリンパ型，骨・筋肉・心臓などの一般型，精巣・卵巣などの生殖腺型といずれも思春期での発達が著しい。
(3) A：20歳に向けて発達し続けている。B：思春期に一気に発達している。
2 (1) 体を循環するのは血液である。
(2) 構造と機能を確認しておく。
(3) われわれの呼吸は酸素を吸って二酸化炭素を吐き出す。
(5) 骨量は30歳頃をピークに減少を始める。高齢期に向けてさらに減少し，骨粗しょう症のリスクが生じる。
(6) 運動をするべき時期に運動をしておくと十分な発達が見込める。

保健体育
18 生殖機能の成熟／異性の尊重と性情報への対処
本冊 P.96

1 (1) ①下垂体　②性腺刺激　③生殖器
(2) ①内分泌腺　②血液
(3) ①精子　②精液　③射精
(4) ①卵子　②排卵　③月経　④初経
2 (1) 性衝動
(2) ①性情報　②批判的　③誘い　④性的欲求

解説
1 (1) 下垂体からの性腺刺激ホルモンの分泌により生殖器が発達する。
(2) 男性ホルモンや女性ホルモンが分泌されるのは内分泌腺から。
(3) 1回の射精で放出される精液は2～3ml。1ml中にはおよそ1億の精子が含まれる。
(4) 月経は子宮内膜の一部である。
2 (1) 生殖器の発達により，性的関心や欲求も高まる。
(2) 性情報に対する心構えをする。情報に対する批判的な態度や容易に誘いに乗らない姿勢を持ち，性的欲求が強いものだからこそ，それを悪用して利益につなげる意図もあることを知ろう。

保健体育
19 心の発達
本冊 P.97

1 (1) 前頭葉　　(2) ①情意機能　②社会性
(3) 知的機能　　(4) ①感情　②意思
2 (1) 社会性　　(2) ①人と接する　②自分で決めたい
3 (1) 自分や他人
(2) ①行動の仕方　②自己形成　③目標
(3) 問題解決

1 (2) 理解や記憶，言葉の使用などをつかさどる知的機能・感情と意思を働かせる情意機能・他の人について考慮する社会性が，心の3つの働きである。
(4) 心の知的機能も情意機能も，生活経験や学習により発達していく。

2 (2) 社会性が大きく発達するのは，人と接する機会が増えることによる。

3 心の発達は自己形成に大きく関わっている。知的機能が発達すると，状況について適切に考え，問題解決を図ることができる。情意機能の発達によって，自分の本心や他人の感情に気づいて，ふさわしい表現が可能となる。さらに社会性が発達することで，人々を助けたり，自分から助けを求めたりすることができる。こうして主体的に人生に向き合えるのが心が健やかに発達した状態である。

---

20 ストレスによる健康への影響 本冊 P.98

1 (1) 自律神経　(2) 内分泌　(3) 心身相関

2 (1) ①欲求　②生理的欲求　③心理的社会的欲求
(2) ①不快な感情　②分析

3 (1) ストレス
(2) ①体調不良　②(例)コミュニケーション
(3) ①個人差　②自然　③集中力

1 心と体は別々のものではなく互いに影響し合う関係にある。これを心身相関という。健やかな体を保つには心の健康が不可欠なわけである。

2 食欲や休息に対する欲求は体が求める生理的欲求だが，社会的動物としての人が求める欲求は，人間関係やこうありたいという意思など社会的欲求と呼ぶ。

3 (3) ストレスの程度には個人差があるものの，適度なストレスはやる気や集中力につながり効果的な面もある。

---

21 健康の成り立ちと疾病の発生要因 本冊 P.99

1 (1) ①良好　②充実した　(2) 環境
(3) 健康寿命

2 (1) 健康　(2) ①主体　②環境
(3) ①素因　②生活習慣
(4) ①気圧　②ダイオキシン　③ウイルス　④社会的
(5) プラスチック　(6) 公害　(7) 医療機関

1 (1) 心身の状態が良好で，充実した生活が送れることを健康と定義するところから，(3)の健康寿命がいえる。

2 疾病には主体(本人)による要因と環境による要因がある。気候などの物理的環境をはじめ，公害や有害物質などによる科学的環境，感染症の流行などによる生

物学的環境と，多様な環境要因があることがわかる
(4) 空気や水に含まれる有害化学物質には，ダイオシンのほか窒素酸化物，ホルムアルデヒド，カミウム，水銀などがある。

---

22 食生活と健康 本冊 P.1

1 (1) ①エネルギー　②体温　③栄養素
(2) ①疲労　②健康

2 (1) 基礎代謝量　(2) ①疲労や痩せ　②肥満

3 (1) ①たんぱく質　②ビタミン　③脂質
(2) ①貧血　②抵抗力　(3) ①食品　②バラン

1 1日3度の食事にはそれぞれ役割がある。朝食を抜と，脳にエネルギー源であるぶどう糖が届かず，午中は頭が働かないことになる。

2 (1) 基礎代謝量とは，生命維持に必要なエネルギーをいう。
(2) 年齢に応じたエネルギー量をとることで必要な動が行えて，健康な体を保持できる。

3 たんぱく質が不足すると貧血や体力低下などに，カシウムが不足すると骨や歯の発育不全などに陥栄養素には種類が多いが，それぞれに役割があり，れも必要なものである。必要な栄養素がくまなく摂できるよう，多様な食品をバランスよく食べること重要である。

---

23 運動・休養 本冊 P.

1 (1) ①オ　②ウ　③イ　④エ　⑤ア
(2) ①運動不足　②運動習慣

2 (1) ①身体的疲労　②精神的疲労
(2) ①頭痛　②あくび　③ぼやける　④いらいら
(3) ①睡眠　②運動　③休養
(4) ①画面　②長時間

1 (1) 運動をすると心臓の拍出量の増加，筋力の強化肺の肺活量の増加など各器官に効果がある。

2 (1) 体の疲れとともに精神面にも疲れが生じる。
(2) 疲れは種類によって異なる症状として現れる。状から疲労の部位を見極めて必要な休養を取る
(3) 休養の取り方には，入浴・軽めの運動・趣味なで気分転換を図る積極的休養などもある。
(4) 液晶画面を長時間同じ姿勢で見続けることは疲の原因になるだけでなく，視力の低下にもつなる。また，寝つけないなどの弊害もあることが告されている。

環境への適応①

本冊 P.102

(1) ①自律神経　②適応　③適応能力
(2) ①汗　②熱　③収縮
(1) ①温熱条件　②至適範囲
(2) ①疲れない　②明るすぎる　　(3) 気温
(4) ①照度基準　②500　③150

解説

1. (1) 環境の変化に適応しようとする調節機能が適応能力であり，自律神経の働きによってコントロールされているので，体に必要な酸素を確保するため，呼吸数・心拍数を上げて適応する。
   (2) 暑さや寒さに対して適応できないと，熱中症や低体温症になる。
2. (1) 同じ気温でも，湿度が高いか低いかで暑さの感じ方が異なる。また，風速によっても体感温度に差が出る。例えば気温が10度で風速が10m／毎秒だと体感温度は0度になる。
   (2) 明るさの至適範囲は，場所や作業内容によって異なるので，作業の効率を考えて適切な明るさを保つ必要がある。
   (3) コンピュータ教室の机上の明るさは，500〜1000ルクス程度が望ましいといわれる。

環境への適応②

本冊 P.103

(1) ①50%　②血液の濃度　③栄養素
(2) ①(例)飲料水　②(例)入浴
(3) ①取水　②浄水処理
(4) ①生物　②水質基準
(1) ①二酸化炭素　②換気
(2) ①(例)調理器具　②一酸化炭素
(1) ①自然環境　②悪影響
(2) ①焼却　②分別回収　③残余　④3R　⑤循環型

解説

1. (1) 水は私たちの生命の維持に不可欠である。
   (2) 健康的な生活を送るためにも，水はなくてはならないものである。
   (3) 貴重な飲料水を安全に確保するために，取水から給水までの工程は厳しく管理されている。
   (4) その管理を徹底させるものが，法律で定められた水質基準である。
2. (1) 二酸化炭素の濃度が1〜2%から3%に上がるだけで，呼吸数や脈拍数，血圧の上昇など人体への影響が見られる。
   (2) 一酸化炭素の有害度は極めて高いので，0.001%以下という許容濃度が定められている。
3. (2) 2036年頃には，ごみの埋め立て地の容量がなくなると予測されている。そのため資源を有効に使う3R(リデュース・リユース・リサイクル)の実行

をさらに促進する必要がある。

26 傷害と交通事故

本冊 P.104

1. (1) ①人的要因　②環境要因　　(2) 体育的部活動
   (3) ①安全確認が不十分　②道路の状態　③車両要因
   (4) 自転車運転中
   (5) ①死角　②左側後方　③内側　④巻き込む
   (6) 停止距離　(7) ①通学　②無灯火
   (8) PTSD(心的外傷後ストレス障害)

解説

1. (1) 傷害事故は，当事者の体調不良や危険行動などの人的要因と，滑りやすい通路や強風など環境要因が関わり合って起こる。
   (3) 交通事故では，人的要因・環境要因に加えて，欠陥など車両要因も関係する。
   (4) 自転車の特性として，二輪でバランスを崩しやすいこと，体が露出していてケガをしやすいことがあり，交通事故が起こる原因となる。スマホなどを使いながらの「ながら運転」は，最も危険である。
   (5) 自動車(右ハンドル)の構造上，左後方などに死角が生じる。車体が高い車では左折の際の巻き込みによけいに気づきにくい。
   (7) 自転車走行では，無灯火，ながら運転などは大変危険である。歩行者に衝突するなどの死亡事故も起きている。
   (8) 強烈な恐怖体験などのあとに陥るストレス障害で，治療や回復に長期の時間を要する。うつ病や不安障害を併発することもある。

27 自然災害による危険と傷害の防止

本冊 P.105

1. (1) ①自然災害　②一時災害
   (2) ①二次災害　②ライフライン
   (3) ①阪神・淡路大震災　②東日本大震災
2. (1) ①周囲の状況　②自他の安全
   (2) ①頭　②公共施設　③高い場所
   (3) 避難場所
   (4) ①緊急地震速報　②防災情報

解説

1. (1) 一時災害でも大きな地震の場合は，余震として何度も発生するので注意が必要。
   (2) ライフラインが破壊される二次災害でも，死傷者が出るなど重大事になることが多い。
   (3) 東日本大震災は2011年に起こり，死亡原因の9割以上が溺死という。
2. (1) 自然災害時には，状況判断と安全確保がまず必要である。
   (2) とっさに頭を守れるよう，自宅なら身近にヘル

メットなどを備えておきたい。海岸沿いでは，津波(つなみ)の危険を常に考慮すべきである。
(3) 地域の避難場所や経路を確認しておくのは必須(ひっす)。
(4) 災害時に正しい情報を得るために，日頃から機器の準備や保全にも心がける。

28 応急手当／心肺蘇生法(しんぱいそせい) 本冊 P.106

1 (1) ①応急手当 ②悪化を防ぐ
(2) ①直接圧迫(あっぱく)止血法 ②包帯(ほうたい) (3) 冷やす
(4) ①ウ ②イ ③ア
2 (1) ①15 ②後遺症(こういしょう) ③心肺蘇生法 ④AED
(2) ①胸骨圧迫 ②人工呼吸 (3) 死戦期呼吸

解 説
1 (1) 応急手当をすることで傷病者の痛みが和らぎ，傷(きず)の悪化を防ぐことができる。
(2) 出血の場合は，早急に出血を止める止血法が必要である。
(3) やけどは深度によってⅠ〜Ⅲ度に分かれるが，まずは冷やすことが大事。また部位によっても冷やし方が異なり，全身の場合は浴槽につけるなどの処置も必要になる。
(4) 救急の場合は，周囲も気が動転することがあるが，手順は常に意識しておきたい。
2 (1) 心肺停止こそ迅速な処置が求められる。
(2) 心肺蘇生の方法には，胸骨圧迫や人工呼吸などがある。人工呼吸法やAEDの使用方法などは確認しておきたい。
(3) あえぎ呼吸は死戦期呼吸とも呼ばれる。異常な呼吸に気づいたら心肺停止の兆候と認識してAEDなどの使用を始める。

29 生活習慣病・がんの予防 本冊 P.107

1 (1) ①(例)生活行動 ②生活習慣
(2) ①(例)塩分 ②運動 ③飲酒
(3) ①糖尿病(とうにょうびょう) ②歯周病
(4) ①特定健康診査(しんさ) ②健康診断(しんだん)
2 (1) がん細胞 (2) 予防 (3) がん検診(けんしん)
(4) 4つ (5) ①肺 ②大腸

解 説
1 (1) 子どもの頃(ころ)から健康に良い生活習慣を続けていれば，成人してからも生活習慣病にかかるリスクを減らすことができる。
(2) 脂肪分・アルコール・塩分のとり過ぎなど偏(かたよ)った食事や睡眠(すいみん)不足・運動不足などが生活習慣病を招く。
(3) 現在死亡原因の上位を占めるがん，心臓病，糖尿病などのほか，歯周病も生活習慣病である。
2 (2) がんの原因は生活習慣に関わるものと，ウイルス

感染によるものとがある。自分で予防できるのは生活習慣の部分である。
(3) がんは進行するほど治りにくくなるので，治療(ちりょう)回復のためには早期発見が重要である。
(4) がんの発見時の進行度がⅢ期なら，53.1%，Ⅳ(よん)なら21.2%が5年生存率である。

30 喫煙(きつえん)・飲酒の健康被害(ひがい) 本冊 P.

1 (1) ①ニコチン ②発がん物質
(2) ①副流煙(ふくりゅうえん) ②受動喫煙
(3) ①依存症(いぞんしょう) ②COPD
(4) 20歳
2 (1) ①麻酔(ますい) ②運動機能 (2) 急性アルコール
(3) 言語 (4) ①アルコール依存症 ②低下

解 説
1 (3) 喫煙には中毒性があるので，依存症をもたらす外にも，がんをはじめ肺疾患にかかりやすくなCOPD(慢性閉塞性肺疾患(まんせいへいそくせいはいしっかん))は，従来，慢性気管炎や肺気腫と呼ばれてきた疾病の総称。喫煙習(しゅう)による生活習慣病といえる。
(4) 20歳以下で喫煙を開始した場合，がんや心臓病の死亡率は極めて高くなるためである。
2 (1) アルコールの麻酔作用は自制力のほかに運動能の低下も引き起こす。
(3) 血中アルコール濃度が0.50%を超えると立て(たてなくなったり，大小便を垂れ流したりして，ひいは死亡することもある。
(4) 飲酒開始年齢が低いほど将来アルコール依存症なる割合が高い。

31 薬物乱用の害 本冊 P.

1 (1) ①シンナー ②(例)覚醒剤(かくせいざい) ③薬物乱用 ④
(2) ①脳 ②錯乱(さくらん) (3) 依存症状
2 (1) ①家庭内 ②仕事 (2) 犯罪
(3) ①好奇心 ②人間関係 (4) 断る

解 説
1 (1) 現在ではサプリメントのような錠剤(じょうざい)を「元気な(る」と称(しょう)して勧(すす)める手もあるという。
(2) 覚醒剤などは一回だけの使用でも急性中毒で死(するケースもある。
(3) 依存症状に陥(おちい)ると，薬物欲しさに犯罪に関わっりして悪循環となる。
2 (1) 学校や職場に戻(もど)れず，正常な社会生活を送れななるばかりか，人生を台無しにすることになる
(2) 薬物入手のために犯罪行為に関わると，最終的更生プログラムまでもが必要となる。
(3) 断れない人間関係が薬物乱用の要因として大い。

㉜ 感染症とその予防

本冊 P.110

(1) ①病原体　②感染症　(2) 感染経路

(3) ①インフルエンザウイルス

　　②新型コロナウイルス感染症

(4) ①細胞分裂　②細胞

(1) ①くしゃみ　②空気感染　③食品

(2) ①感染経路　②食事　③予防接種

(3) ①接触　②直接

解説

1 (1)感染症では，病原体の種類により異なる感染経路を通って病原体が人の体に侵入し，すみつく。

(3)②新たに見出されたウイルスであるうえ，変異をくり返すので，ワクチンの製造にも困難が伴った。

(4)細菌は生物なので細胞分裂をして増殖するが，ウイルスは人の細胞の中で自らをコピーし増殖する。抗生物質が効くのは細菌である。

2 (1)感染経路が異なる病原体では，予防の仕方も異なる。飛沫感染・空気感染のものはマスクや手洗い，うがいなどが必須だが，経口感染のものは調理者・食事者ともに徹底的な手洗い・消毒が必要である。

(2)予防接種は，病原体をもとにしたワクチンによる。

(3)性感染症は性的な接触を避けること，コンドームを使用することで防ぐ。

㉝ 保健機関／医療機関

本冊 P.111

(1) ①診療所　②大学病院　(2) かかりつけ医

(3) 救急指定　(4) 当番医

(1) 保健所　(2) ①予防接種　②がん検診

(3) ①狂犬病予防　②感染症の相談と検診

(4) ①②世界保健機構（WHO）・ユニセフ（UNICEF）

　　（順不同）

解説

1 (1)近隣の診療所・総合病院・大学病院とそれぞれの医療機関では役割が異なるので，症状に合わせた医療機関を選ぶことが必要である。

(2)近隣のかかりつけ医は，長期にわたって健康状態を見てもらえるので，診療相談の入り口としても有効である。

(3)(4)救急医療機関は，急な病気やケガに対応する機関なので，自治体の当番医とともに，万一の場合に備えて連絡先や情報を手元に控えておくとよい。

2 (1)(2)保健センターは各市町村などが運営するので，地域の住民の乳幼児健康診査やがん検診などを担う。

(3)主に都道府県などが運営する保健所では，飼い犬の登録や狂犬病予防をはじめ医薬品販売の許可，感染症の検査など，健康被害の拡大・再発を防止する役目がある。

(4) 行政以外にも人々の健康を守る活動を広く行う民間団体やユニセフ（UNICEF）など国際機関がある。

34 医薬品の正しい使い方

本冊 P.112

1 (1) ①エ　②イ　(2) ①ア　②オ　③カ　(3) ウ

2 (1) ①処方　②健康　③お薬手帳

(2) ①血中濃度　②副作用

(3) ①30　②2　③60

解説

1 (2)医薬品の形状は，飲みやすく，効き目が効果的に現れやすいようにつくられている。

2 (1)お薬手帳は，使用した薬の名前や量を記録するので，別々の病院から処方された際に薬の飲み合わせが原因の事故などを防げる。

(2)処方箋による薬はもちろん，市販薬でも使用量や使用方法は指示通りに服用しないと効果が期待できない。

美術

1 鉛筆で描く

本冊 P.113

1 (1) ①H　②B　　(2) ①立てて　②寝かせて
　(3) 複数の色

2 (1) ①構造　②単純な形
　(2) 光の方向…下図参照　①陰　②反射光

光

3 (1) 輪郭　　(2) ①光　②陰　　(3) 明暗
　(4) 最も明るい[いちばん明るい]

解説

1 (1) 描く部分や効果によって硬い芯・柔らかい芯の鉛
　　筆を使い分けるとよい。
　(2) 描く部分によって鉛筆を立てたり寝かせたりする
　　ことで，効率よく描ける。
2 (1) ①図のような体の部分を描くときには骨格(もの
　　の構造)を捉えていくと描きやすい。②図のよう
　　な複雑な形のものも，単純な形に置き換えること
　　で，ものの形がつかみやすくなる。
　(2) 「影」と「陰」を区別する。

2 水彩で描く

本冊 P.114

1 (1) ①ポスターカラー　②水
　(2) ①ア　②エ　③ウ　④イ

2 ①丸筆　②平筆　③パレット　④筆洗

3 ①黄　②オレンジ　③紫　④赤　⑤白

解説

1 (1) アクリル絵の具やポスターカラーは，水彩絵の具
　　と同様に水で溶いて用いる。
　(2) 「にじみ」と「ぼかし」は，異なる色どうしをに
　　じませる方法と，塗った色を水分でぼかす方法の
　　違いである。
3 混色の例は，実際に絵の具を混ぜ合わせながら確認し
　　たい。同量での混色以外に，分量が異なる場合に作れ
　　る色合いはカラーチャートなどで調べておくとよい。

3 風景画／人物画

本冊 P.115

1 (1) ①静物画　②思い　　(2) 遠近法

2 (1) イ　　(2) ①②雰囲気・表情(順不同)

3 (1) ①速写　②短い　③消しゴム　　(2) ア

解説

1 (1) 静物を描いたものが静物画，人物を描いたものが
　　人物画，風景を描いたものが風景画である。同じ
　　風景を描いても人によって異なるのは，それぞれ
　　描く人の思いが重ねられているからにほかならな
　　い。著名な風景画の作品を数多く鑑賞することで
　　作者の思いに近づきたい。
　(2) 風景画に欠かせない「遠近法」は，風景の遠景・
　　中景・近景を際立たせ，より立体的に見せる技法
　　である。
2 (1) 特定の人物を描いた画は「肖像画」と呼ばれる。
3 (1) 短時間ですばやく対象の特徴をつかんで描くク
　　ロッキーは，通常鉛筆やペンを走らせながら仕上
　　げに導くもので，描き直すために消す用具は使わ
　　ない。
　(2) イは，細部まで描いてあるデッサン，ウはデッサ
　　ンに着色してあるので，いずれもクロッキーでは
　　ない。

4 さまざまな技法で描く

本冊 P.1

1 (1) ①ア　②ウ　③イ　　(2) ①イ　②ア　③ウ

2 (1) ①クレヨン　②点　③飛び散る
　(2) コラージュ

解説

1 フロッタージュ・マーブリング・デカルコマニー，
　いずれも小学校の美術の授業でもなじみのある技法で
　る。葉の葉脈や建物の壁面の写し取りなどが身近で
　ろう。作品では，写し取った濃淡やものの形で区別
　可能。マーブリングでは，大理石(マーブル)模様と
　るのが見分けのポイントである。
2 (1) バチックや点描と違って，ドリッピングでは偶
　　的な模様が生まれるのが特徴。
　(2) コラージュは，さまざまな技法で作られた素材
　　ほか，写真や布なども利用して作られる。

5 版画

本冊 P

1 ①凹版　②同じ　③木版画　④ステンシル

2 (1) ①彫刻刀　②ばれん　　(2) ①丸刀　②平刀
　③三角刀　④切り出し刀　　(3) ①陽刻　②陰刻

解説

1 凸版は浮き出た部分にインクを乗せ，凹版はへこん
　部分にインクを詰めることで刷る。凹版ではインク
　詰めたあと，余分なインクをふき取る必要がある。
　版では水と油の反発作用を利用して，親水性のある
　分が油性のインクを弾くことで文字や図柄を生かす
2 (3) 陽刻は，文字や輪郭が浮き出た部分にインクを
　　せるので，刷り上がりが強調されたものになる

作成の手間がかかるので，陽刻に見えるように浮き上がり部分を貼り付ける簡単な方法もある。

彫刻の表現と種類
本冊 P.118

(1) ①塑造　②かたまり　③丸彫り　④レリーフ

(2) ①均衡　②動勢　③少ない　④量感　⑤比例

(1) A　巻きつける　B　折り曲げる

(2) ①異なる　②骨格

①曲げる　②金工のこぎり　③はんだごて

解説
(2) 均衡や量感など彫刻の表現については，言葉を覚えるより実際の作品を例に確かめるとよい。

(1) 針金も巻きつけたり折り曲げたりすることで，立体を表現できる彫刻材である。

(2) 多様な表現のためには太さの異なる針金を用いるが，立体の骨格にあたる部分は太い針金でしっかり支える。

金属板という平面の材料で立体を作成するためには，ねじる・曲げる・組み合わせるなどの加工が必要である。広い部分はいもづちで，細かい部分はたがねを組み合わせて打ち出す。

木でつくる
本冊 P.119

(1) ①A　②B　(2) ①板目　②まさ目

(1) ①乾燥　②のみ　③逆目　④寄木造り

(2) ①薬研彫り　②かまぼこ彫り

①半丸　②小さい　③粗い　④細かい

解説
(1) 木彫の準備で大切なことは木材をまず十分乾燥させることである。不十分な乾燥では仕上がりに影響が出る。

(2) 彫りの形と名称を関連させて覚えるとよい。かまぼこ彫りは，切り込みを入れてから，食品のかまぼこのように平刀でなだらかに彫る。

彫りが済んだらやすりがけの工程に入る。作品の形に沿って半丸や平の木工やすりを使い分ける。木工やすりでおおかた削ったら，さらに紙やすりを使って形を整える。

粘土でつくる
本冊 P.120

(1) ①水　②土粘土　③加工粘土

(2) ①C　②D　③A　④B

(1) ①へら　②ろくろ　③切り糸　④たたら板

(2) ④→⑤→③→②→①→完成（完答のみ）

---

③ ①ひも　②下から上　③切り糸　④へら

解説
1 (1) 加工粘土は火を使わずに，成型も着色も手軽にできるのが特徴。

2 (1) 手びねりの際に使う「ろくろ」とは別に，「電動ろくろ」もある。

(2) 成型のあと十分乾燥させてから素焼きの段階に入る。

美術
9 石や金属でつくる／写真や映像を撮影する
本冊 P.121

1 ①ケレンハンマー　②水　③てん刻　④滑石　⑤印刀

2 (1) ①銅　②アルミニウム　③鉄

(2) ①金切りばさみ　②いもづち　③たがね

3 ①望遠　②速い　③絵コンテ　④著作権

⑤コンピュータグラフィックス

解説
1 てん刻には，文字や模様が浮き出る陽刻，文字や模様が白く出る陰刻の彫り方がある。

2 (1) 彫刻でよく使われる青銅（ブロンズ）は，銅とすずで作られる。

3 著作権は，作者にすべての権限があることを認めるもの。著作権のある作品は許可なく使用できない。

美術
10 色彩の基本・仕組み
本冊 P.122

1 ①緑[グリーン]　②白　③加法混色

④赤紫[マゼンタ]　⑤暗く　⑥減法混色

2 (1) ①明度・彩度・色相　②無彩色　③中性色

(2) ①色相環　②補色　(3) ①青緑　②青　③青紫

(4) イ

解説
1 コンピュータやテレビのディスプレイでの色光と，絵の具や印刷インクの色料では三原色が異なる。

2 (2) 補色は色相環で向かい合う色。

(4) 同じ色でも背景の色によって異なって見える（色相対比／明度対比／彩度対比）。

美術
11 さまざまな構成美
本冊 P.123

1 (1) ①グラデーション　②アクセント

③シンメトリー

(2) ①リズム　②リピテーション

2 (1) ①奥行き　②一点透視図法　③消失点

④空気遠近法

(2) ウ

1 (1) グラデーションは，色調や明暗などが段階的に変化するもの。シンメトリーは左右上下が対称になるもの。アクセントは一部分を目立たせるものである。同一のものがくり返されるリピーションもまた構成美の1つ。

2 (1) 絵画では距離や奥行き，立体感を出すために遠近法が使われる。1点にすべてが収れんするような一点透視図法，消失点が2つある二点透視図法，濃淡で遠近を表現する空気遠近法などがある。
   (2) 二点透視図法では，消失点が2つある。

---

12 身の回りにある形や色彩　　本冊 P.124

1 (1) ①工業[プロダクト]デザイン　②環境デザイン
   ③ユニバーサルデザイン　④エコデザイン
   (2) ピクトグラム　　(3) イ
   (4) ①単純　②簡潔　③一般的

2 ①環境芸術　②パブリックアート　③周囲の環境
   ④コミュニケーション

解 説

1 (1) ユニバーサルデザインは，1980年代アメリカのR.メイス氏により提唱された。障がいの有無や程度にかかわらずすべての人が利用できるようにデザインすることとして定義される。
   (2) ピクトグラムは20世紀初頭に社会学者オットー・ノイラートが生み出したといわれる。日本語では「絵文字」「絵記号」などと呼ばれる。ピクトグラムでは文字を使わない。
   (3) アは，ピクトグラムの一種ではあるが，リサイクルの識別表示マークとして製品の目印に使われる。

---

13 美術館を楽しもう　　本冊 P.125

1 ①チラシ　②公共施設　③お気に入り
   ④ギャラリートーク

2 (1) ①色　②細かく　　(2) ①描かれた人物
   ②フェルメール　③手に持っている　④文字
   (3) ①ウェブサイト　②考えたこと

解 説

1 美術館には公立・私設ふくめて多様な種類のものがある。身近な美術館を調べてみても視野が広がるだろう。また，美術館には常設展とともに特別企画展を催すところもあるので定期的に情報を集めるのも楽しい。チラシはもちろん，テレビの美術関連の情報番組や，美術サイトも参考になる。展覧会のチラシは工夫を凝らしたものが多いので収集しても楽しい。

2 作品の見方は何通りもあるが，まずはじっくり見るところから始めたい。調べた情報とともに自分の見方や感想もまとめておくと，次の作品に接したときに大い

に役立つだろう。

14 日本の美術　　本冊 P.12

1 ①仏像　②水墨画　③南蛮貿易　④ジャポニスム
   ⑤洋画[西洋画]　⑥アニメーション

2 ア・イ・エ・オ・キ

3 ①岐阜県　②滋賀県　③石川県　④福岡県　⑤栃木
   ⑥広島県　⑦京都府　⑧沖縄県　⑨佐賀県

解 説

1 日本の美術は，各時代におけるの海外との交流から響を受けながら発展してきた。開国以降は逆に，外の画家たちに大きな影響を与えた。特に葛飾北斎や歌川広重らの浮世絵はヨーロッパの画家たち，なかもモネやゴッホに強いインパクトを与え，モチーフまねた作品を作らせるほどであった。

2 ユネスコの世界文化遺産に登録された建造物や記念は，その時代的背景なども調べたうえで体験したい。

3 日本の伝統工芸品は，各地の風土に合わせて作られ独特のものばかりである。その土地の土を活かす焼物では，信楽焼(滋賀県)，伊万里・有田焼(佐賀県)常滑焼(愛知県)など数多い。養蚕が盛んだった土地は西陣織(京都府)をはじめ多くの織物が伝えられてる。次世代に遺していきたい工芸品だが，技術を受継ぐ後継者の有無などもあわせて考えたい。

---

15 西洋の美術　　本冊 P.1

1 ①アルタミラ　②ラスコー　③ピラミッド
   ④パルテノン神殿　⑤ミロのヴィーナス

2 ①エ　②ウ　③イ
   ④カ　⑤キ
   ⑥オ　⑦ア

3 (1) ①ルネサンス　②遠近法
   (2) ①ボッティチェリ　②レオナルド・ダ・ヴィ
   ③ミケランジェロ
   (3) ①モネ　②ルノワール　③ゴッホ　④ピカソ

解 説

1 原始～古代の西洋美術遺跡は代表的なものが数少なのでカバーしておきたい。

2 中世の西洋美術では，宗教的な建造物や絵画などをさえておくとよい。

3 近世～現代の西洋美術は主義や作品も多様なので，こに挙げたような代表的なものは，作品を見ながら実に記憶しておきたい。
